RITSCH + RENN

Die besten IT-Cartoons aus 25 Jahren!

Rheinwerk Computing

Wir hoffen, dass Sie Freude an diesem Buch haben und sich Ihre Erwartungen erfüllen. Ihre Anregungen und Kommentare sind uns jederzeit willkommen. Bitte bewerten Sie doch das Buch auf unserer Website unter **www.rheinwerk-verlag.de/feedback**.

An diesem Buch haben viele mitgewirkt, insbesondere:

Lektorat Stephan Mattescheck
Korrektorat Friederike Daenecke, Zülpich
Herstellung Vera Brauner
Typografie und Layout Vera Brauner
Einbandgestaltung Bastian Illerhaus
Coverbild Harald Ritsch und Marcus Renn
Satz Harald Ritsch, Marcus Renn, Vera Brauner
Druck Firmengruppe Appl, Wemding

Dieses Buch wurde gesetzt aus der Sofia Pro (10 pt/16 pt) in Adobe InDesign.
Gedruckt wurde es auf chlorfrei gebleichtem, FSC®-zertifiziertem Offsetpapier (100 g/m^2).
Hergestellt in Deutschland.

Bibliografische Information der Deutschen Nationalbibliothek:
Die Deutsche Nationalbibliothek verzeichnet diese Publikation in der Deutschen Nationalbibliografie; detaillierte bibliografische Daten sind im Internet über ***http://dnb.dnb.de*** abrufbar.

ISBN 978-978-3-367-10379-9

1. Auflage 2024

Informationen zu unserem Verlag und Kontaktmöglichkeiten finden Sie auf unserer Verlagswebsite **www.rheinwerk-verlag.de**. Dort können Sie sich auch umfassend über unser aktuelles Programm informieren und unsere Bücher und E-Books bestellen.

AUF EINEN BLICK

Jawohl, Sir …

… Nein, Sir, 25 Jahre.

… Jawohl, Sir, die Schlagseite, Sir.

Konnten wir nicht verhindern.

Tut uns leid, Sir.

Hast du gesehen, Bär?!
Ritsch und Renn haben ein Buch herausgebracht.
Mit ihren Cartoons. Ein Buch. Was ist noch
mal schnell ein Buch, Bär?

IDEE+TEXT: MARCUS RENN
ZEICHNUNG: HARALD RITSCH

VORWORTE

Der Verlag freut sich, für die Vorworte zum Buch die wahrscheinlich intimsten Kenner der beiden Schöpferseelen gewonnen zu haben: Dr. Knautzhäher-Seipenbusch, den systemischen Daseinsanalytiker von Herrn Renn, und Dr. Hasenfratz-Wimmerling, den Urschreitherapeuten von Herrn Ritsch.

WORTE VON DR. KNAUTZHÄHER-SEIPENBUSCH

Ich bin Dr. Knautzhäher-Seipenbusch. Der Dr. Knautzhäher-Seipenbusch. Wissen Sie überhaupt, wer ich bin? Ich bin Dr. Knautzhäher-Seipenbusch. Ich analysiere seit geraumer Zeit das Dasein von Herrn Renn. Herr Renn ist irgendein Schreiberling, fragen Sie mich nicht. Als er in meine Praxis kam, kicherte er unentwegt blöd vor sich hin. Seine aus dem hinteren Cortex hervorsprudelnden Ideen seien ein ewiger Quell glucksender Erheiterung. Das dümmliche Gekicher hab ich ihm aber schnell ausgetrieben. Es war nicht zum Aushalten. In drei, vier Sitzungen habe ich es geschafft, Herrn Renn zu heilen und in ein gänzlich neues Wesen zu verwandeln. Das kleine Blasenmützenmoos diente mir dabei als Modellorganismus.

Einmal stand Herr Ritsch mit einem riesigen Nasenbären vor meiner Praxis und wollte Herrn Renn von der Therapiestunde abholen. Natürlich bestaunten alle Passanten das höchst ungewöhnliche Aussehen dieses Gesellen, aber so sieht er nun mal aus, der Ritsch. Ich hätte ihn trotzdem als Klienten aufgenommen. Aber nein. Der Narr denkt doch tatsächlich, er wäre bei diesem Hokuspokus-»Kollegen« besser aufgehoben. Diesem Fratzling-Wimmerhase oder wie der Hochstapler heißt, mit seiner impertinenten Affenschrei-Methode. Der sollte eigentlich gar nicht als Therapeut arbeiten dürfen! Viel besser würde diesem Quacksalber anstehen, auf einer klapprigen Schaubudenkarre durch die Lande zu tingeltangeln und irgendein Kropfelexir zu verscherbeln!

WORTE VON DR. HASENFRATZ-WIMMERLING

Guten Tag. Mein Name ist Dr. Hasenfratz-Wimmerling. Ich komme gerade von einer ausgedehnten Tingeltangel-Tour, auf der ich mein Kropfelexir verscherbelt habe. Wenn ich gerade keine Kropfelexire verscherble, betreue ich Herrn Ritsch im Rahmen der von mir selbst entwickelten Urschrei-Reinkarnationstherapie. Herr Ritsch ist seit seiner traumatischen Begegnung mit einer Eingeweide-Leserin im Jahre 1748 mein Patient. Aaaaaaahhhhhhhhhh!!!! ... Verzeihen Sie, ... der Urschrei ... manchmal kommt er völlig unangemeldet ...

Herr Ritsch ... ja ... ein Faszinosum ... ein Künstler durch und durch, ein d'Artagnan der Pinsel, ein Jongleur der Farben. Wenn er hier ist, bei mir in der Praxis, malt er. Es sind Meisterwerke, in schnellen Strichen hingeworfen, die von den seelischen Abgründen und dem latenten Wahnsinn symphonischer Musiker handeln. Er malt, aber er schreit auch. Er hat einen ganz eigenen Urschrei. Ich kann ihn aus Hunderten Urschreien heraushören. Etliche weltberühmte Vogelstimmenimitatoren scheiterten beim Versuch, diesen Schrei nachzuahmen. Einer von ihnen musste seinen Versuch sogar vorzeitig abbrechen, als sich sein Kehlkopf dabei in ein Rad auffächerte.

Aber sprechen wir nicht länger über diese Ungeheuerlichkeit.

Sprechen wir lieber ... Aaaaaaahhhhhhhhhh!!!! ... Verzeihung ... also, sprechen wir doch lieber von Herrn Ritsch und seiner kindischen Angst, Kritiker könnten seine Kunst missverstehen. Die hab ich ihm schnell ausgetrieben. In drei, vier Sitzungen habe ich ihn geheilt und in ein gänzlich neues Wesen verwandelt. Seither bilden Kritiker einen integralen Bestandteil seines Werks. Er macht sie ausfindig, pökelt sie, trocknet ihr ausgezehrtes Fleisch an der Sonne, walzt die knitterige Hülle flach und verarbeitet das Ganze zu einem Fuder Konfetti. Daraus erschafft er dann pointillistische Meisterwerke von zarter Bitterkeit oder aber auch von gelassener Heiterkeit, wie ihm grad der Sinn danach steht. Sie werden sagen: »Ein Fuder Konfetti?«, und ich werde sagen: »Ja, ein Fuder Konfetti.« Und viel mehr gibt es dazu nicht zu sagen.

INTERVIEW

Unzählige unautorisierte Biografien über das Leben von Ritsch und Renn kursieren in den Literaturzirkeln zwischen Cambridge und Nasi Goreng. Hier bei uns gibt es das einzige unautorisierte Interview. Es wurde geführt, ohne dass wir etwas davon mitbekommen haben. Und auch, wie es das Interview in dieses Buch geschafft hat, ist uns völlig schleierhaft.

Harald, du zeichnest, und Marcus, du textest, was würde passieren, wenn ihr beide die Rolle einmal tauschen würdet? Habt ihr ein Talent für die Arbeit des jeweils anderen?

Harald: Du wirst lachen, aber wir versuchten es jahrelang auf die von dir vorgeschlagene Weise. Erfolg: null komma null.

Marcus: Also änderten wir die Strategie. Wir begannen, Teilbereiche des jeweils anderen zu übernehmen. Am Anfang waren dies nur einfachere Aspekte, wie zum Beispiel die Arbeitszeiten. Da wir aber dieselben Arbeitszeiten hatten, änderte das nicht viel.

Harald: Genau. Als Nächstes nahm ich die Kontaktlinsen von Marcus und er bekam meine Brille. Wir sahen unsere Arbeit in ganz neuem Licht.

Marcus: Ja schon, trotzdem war das der falsche Weg. Wir mussten wesentlich tiefer in die Materie eindringen. Und so tauschten wir unsere Schwiegermütter. Das klappte nach Anfangsschwierigkeiten recht gut. Nur unsere Ehefrauen kamen aus unerforschlichen Gründen nicht klar damit.

Harald: Das stimmt; also mussten wir auch sie austauschen. Du denkst wahrscheinlich, dass sich so sämtliche Probleme in Wohlgefallen aufgelöst hätten. Haben sie aber nicht. Wer sollte jetzt in welcher Wohnung wohnen?

Marcus: Kannst du dich noch erinnern, wie wir dein 5000-Liter-Aquarium umsiedelten und dafür den Türstock der Eingangstüre herausstemmen mussten?

Harald: Hör auf, ich will mich nicht erinnern.

Marcus: Wie auch immer, am Ende hatte Harald alles, was mir gehört. Natürlich suchte ich sofort das Wiener Landesgericht auf, um diesen Umstand einzuklagen.

Harald: Ich tat genau dasselbe. Und im Nachhinein kann ich behaupten, dass ich den Prozess beinahe gewonnen hätte.
Marcus: Wie ich. Na ja, der Richter veranlasste die Rückführung alles Ausgetauschten, nur bei den Schwiegermüttern biss er auf Granit. Die wollten sich in ihrem Alter nicht mehr umgewöhnen.
Harald: Nach dieser Geschichte waren wir am Ende unseres Lateins und beschlossen, da herkömmliche Ideen nicht fruchteten, nur mehr aberwitzige Ideen umzusetzen.
Marcus: So war es. Ich gab Harald meinen Zeichenstift und bekam seine Schreibmaschine. Und hier sitzen wir.

In einer inoffiziellen Biografie steht, ihr kennt euch, seitdem eure Mütter euch vor die Tür gesetzt haben. Ihr seid also ein eingespieltes Team. Gibt es eigentlich mal Streit, dass einer von euch mit der Arbeit des anderen nicht zufrieden ist oder Ähnliches?
Marcus: Ich bin ein von Grund auf harmonischer Mensch, der den Frieden liebt. Daher streite ich nicht.
Harald: Harmonische Menschen, die den Frieden lieben, zerkratzen nicht die chinesischen Serviettenringe ihrer Freunde.
Marcus: Sollte in der Vergangenheit irgendein chinesischer Serviettenring von irgendwem einen Kratzer abbekommen haben, so hat das ganz sicher seinen Grund in einem wesentlich größeren und tieferen Kratzer in einer Duke-Ellington-Single, die ein Erbstück war. Und unersetzlich.
Harald: Merkst du, wie er ablenkt? Da kann man ja in einer tollwütigen Beutelratte mehr friedvolle Harmonie finden.
Marcus: Kann man nicht. Der tollwütigen Beutelratte ist friedvolle Harmonie vollkommen fremd.
Harald: Was zum Geier verstehst du von friedvollen Beutelratten?!? Die strotzen nur so von Harmonie! Was verstehst du überhaupt von Beutelsäugern?!?
Wie viele Zitzen hat das Fettschwanzbeutelratten-Weibchen??? Hä??? 15!!!
Marcus: Harald hat einmal Zoologie studiert. Aber nur ein Semester.

Cartoons heißt ja nicht gleich »Zielgruppe: Kinder«. Warum glaubt ihr, haben auch erwachsene Menschen so viel Spaß an Gezeichnetem?

Marcus: Alle Kinder zeichnen gerne. Und Kinderzeichnungen verkörpern all das, was Kinder so besonders macht: Fantasie, Neugierde und Unberechenbarkeit, Offenheit, Emotionalität und Widersprüchlichkeit. Wenn Kinder erwachsen werden, hören sie meistens auf mit dem Zeichnen. Mit der Fähigkeit, sich in Bildern auszudrücken, verlieren sie auch alle anderen besonderen Eigenschaften. Aus ihrer Fantasie wird Sachlichkeit, aus Neugier Abgeklärtheit. Erwachsene sind berechnend und berechenbar, Widersprüche sind ihnen zuwider. Die Ratio bestimmt das Leben und nicht das Gefühl. Nur manchmal erinnern sie sich an ihr eigenes Kinderselbst und spüren ihre anarchischen Wurzeln. Das passiert etwa, wenn sie lustige Zeichnungen betrachten. Die Freude der Erwachsenen an gezeichnetem Spaß entspringt einer Sehnsucht nach der Unbeschwertheit ihrer Kindheit.
Harald: Marcus hat einmal Psychologie studiert. Aber nur ein Semester.

Auf eurer Webseite steht, dass auch Kunden eure Dienste in Anspruch nehmen, um durchaus sperrige Werbebotschaften zu vermitteln. Die c't ist einer dieser Kunden?
Harald: Nein, nein. Die c't ist ja das offizielle Fachblatt der »Gesellschaft für informationstechnologisch induzierten Wahnsinn« und als solches gar nicht an Werbebotschaften interessiert. Der Fokus liegt vielmehr auf der Bemühung, die Anzahl jener Menschen, die durch Computerarbeit den Verstand verlieren und dadurch arbeitsunfähig werden, zu minimieren.
Marcus: In der Redaktion arbeitet ein hochspezialisiertes Team aus Psychiatern, Osteopathen und Teufelsaustreibern an Beiträgen zur Eindämmung des digitalen Burnouts, eines Massenphänomens, das die Gesellschaft jährlich zig Millionen Euro kostet.
Harald: Unsere Aufgabe im Team ist es, die besonders schwerwiegenden Fälle des »delirium computans« therapieunterstützend zu begleiten. Wer lacht, wird schneller gesund und kann auch schneller wieder in den Arbeitsprozess eingegliedert werden. Die Cartoons, die wir für die c't anfertigen, werden daher auch direkt von der »Krankenversicherungsanstalt der Informatiker« bezahlt.

Ich persönlich kenne eure Zeichnungen aus der c't. Wie lange braucht es eigentlich von einer Idee, wie aktuell zu der in der letzten Ausgabe der c't erschienenen Zeichnung mit dem Bluescreen, bis zur fertigen Zeichnung mit Text?

Harald: Wieso Idee? Alle unsere Cartoons sind autobiografischen Ursprungs.
Marcus: Das hat den Vorteil, dass wir nicht lange überlegen müssen. Wir warten einfach, bis der nächste Cartoon passiert …
Harald: … und zeichnen die Szene dann live ab.
Marcus: Glaub ja nicht, dass das einfach ist. Vor allem bewegte Szenen sind extrem schwierig abzuzeichnen und müssen oft wiederholt werden. Harald, erinnere dich nur an den Cartoon, in dem ein Skifahrer in einer riesigen Schneekugel steckt und eine Felswand hinunterstürzt …
Harald: Ja, ja … Wir mussten den armen Kerl Dutzende Male wieder hinaufrollen und wieder hinunterstürzen, bis der Cartoon endlich fertig gezeichnet war …

Gibt es etwas, das ihr gerne an dieser Stelle dem Leser mitteilen würdet?
Marcus: Ja, das gibt es: In Wirklichkeit ödet uns deine Fragerei an. Viel lieber würden wir den ganzen Tag französischen Kommandos lauschen und an blank polierten Knochen nagen …
Harald: Schwester, Schwester, kommen Sie schnell!!! Öffnen Sie die Gummizelle! Herr Renn glaubt schon wieder, er wäre Napoleons Pudel …

ANFANG. WIE ALLES BEGANN

Der Beginn des Beginns

Jedem Anfang wohnt ein Zauber inne, meinte einmal ein Schwabe. Oder war es ein Hesse? Ganz einerlei, denn hier soll nicht von Zauberhaftigkeit die Rede sein. Im Gegenteil. Hier geht es um Entzauberung. Um Entlarvung. Wir reißen dem Kaninchen die Fratze vom Zylinder. Wir schmirgeln den Lack vom doppelten Boden der Gauklertruhe. Wir ... na ja ... was wir wirklich tun, ist ... wir dokumentieren und illustrieren seit Anbeginn der Zeit in sachlicher Steife und staubtrockener Humorlosigkeit die technischen Grundlagen und gesellschaftlichen Implikationen digitaler Entwicklungen im Bereich binärer, bisingulärer und bimetallischer Strukturgeschwader.

Doch wie begann es? Um Ihnen, verehrtes Publikum, einen kleinen Einblick zu gewähren, heben wir für einen kurzen Augenblick den Deckel zu unserem Hades, der Schatulle mit den prähistorischen Schlagseiten, durchwühlen den Lurchknödelteppich, zerteilen einen Insektenfriedhof und wirbeln ein brüchig gewordenes Hamsterskelett auf, um zu guter Letzt auf unser Frühwerk, unsere Anfänge zu stoßen.

Jedem Anfang wohnt also ein Zauber inne. Jedem Zauber aber wohnt ein Zweifel inne. Jedem Zweifel wiederum wohnt etwas Nagendes inne. Und jeder Nagerei wohnt etwas Tölpelhaftes inne. Jeder Tölpelhaftigkeit etwas Schmonzettenhaftes. Und jeder Schmonzettenhaftigkeit wohnt insgeheim der Keim der Apokalypse inne.

Infolgedessen wohnt jedem Anfang – also vielleicht nicht schlechterdings jedem Anfang, aber doch ganz gewiss unserem Anfang – der zweifelhafte Zauber einer durch nagende Tölpelhaftigkeit hervorgebrachten schmonzettenhaften Apokalypse inne. Wie sich bereits sehr schön in unserem allerersten Cartoon offenbart ...

WARNUNG !
Nuklear - Sprengköpfe wirklich zünden ???
Nein
Aber klar
WASHINGTON D.C. PENTAGON 0.47 a.m.

SIE HABEN ES ALSO TATSÄCHLICH GESCHAFFT,
IHREN ALL-TIME-HIGHSCORE ZU BRECHEN.
ABER ZU WELCHEM PREIS, HERR GRAF, ZU WELCHEM PREIS.

KLICK

AUF GEHT'S, FRANZI ... TO INSTALL SE SISTEM ....
... INSERT DISK OANS!

RITSCH-RENN.COM
Raubkopieren ist kein Kavaliersdelikt. Es ist ein Verbrechen. So wie das Zertrampeln von Autobussen, das Zerfetzen von Flugzeugen in der Luft und die Freiheitsberaubung von Frauen. Ich bitte Sie daher, hier im Kino nicht zu filmen.

Your trial period is over !
Dies ist ein Shareware-Produkt.
Wenn Sie die Software
Fahr‘s Fahrwerk aus
auch weiterhin benutzen wollen,
lassen Sie sich registrieren !
OK

Sepp Hook wäre höchstwahrscheinlich nie ein gefürchteter Seeräuberkapitän geworden, hätte er nicht in jungen Jahren als Computer-Keyboard-Designer so fürchterlich versagt.

In diesem Moment erkannte der passionierte Engelfigurensammler Alfred Hell, dass es ausgesprochen unklug war, sich frühzeitig den Domain - Namen "**Hells Angels.de**" zu sichern

RELIKTVERZEICHNIS 37 F

ANSCHEINEND MÖCHTEN SIE EINEN BRIE SPEIBEN

Diese zugegebenermaßen befremdliche Anwandlung überkam uns alle, wenn er in einem Office-Programm auftauchte – Karl Klammer, die pausenlos ungefragt aufpoppende Nervensäge, die uns tausend Mal am Tag fragte, ob wir einen Brief schreiben wollen. Wir haben ihn geliebt. So wie vieles, das vor 30 Jahren neu und aufregend war und heute fast vergessen ist. Vom »Tipp des Tages« über Floppies bis hin zu Shareware, Tetris, Raubkopien und PacMan. Wir erinnern uns …

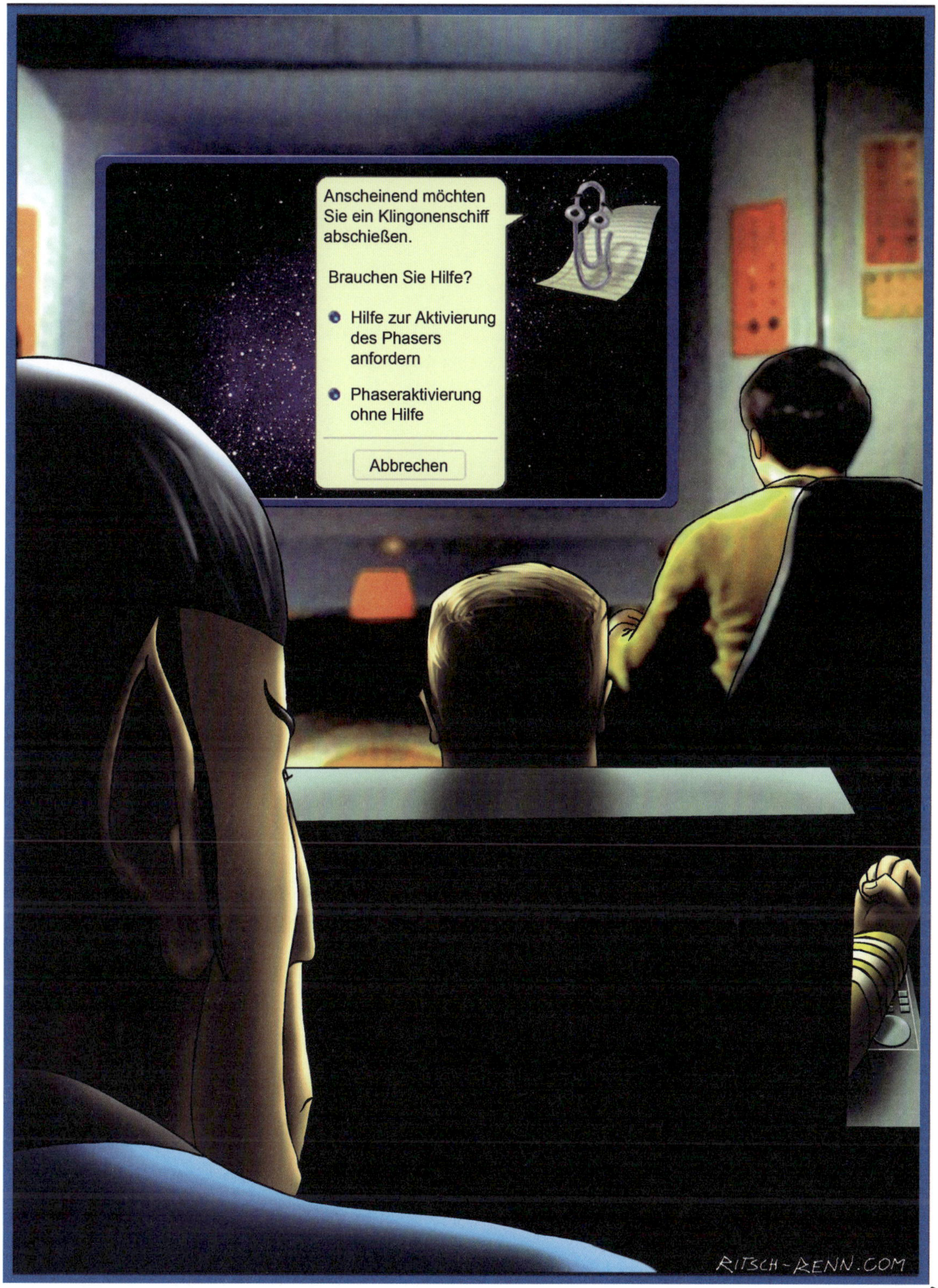
Anscheinend möchten Sie ein Klingonenschiff abschießen.
Brauchen Sie Hilfe?
Hilfe zur Aktivierung des Phasers anfordern
Phaseraktivierung ohne Hilfe
Abbrechen
RITSCH-RENN.COM

RITSCH-RENN.COM
Tip des Tages
Did you know...
Wenn Ihre Augen von der langen
Bildschirmarbeit schmerzen,
betrachten Sie für einen Moment
etwas weit entferntes.
URLAUB!

Retro Hype?!?
Heißt das, wir sollen wieder rumrennen??? In unserem Alter?
Ne du, ohne mich...
RITSCH-RENN.COM

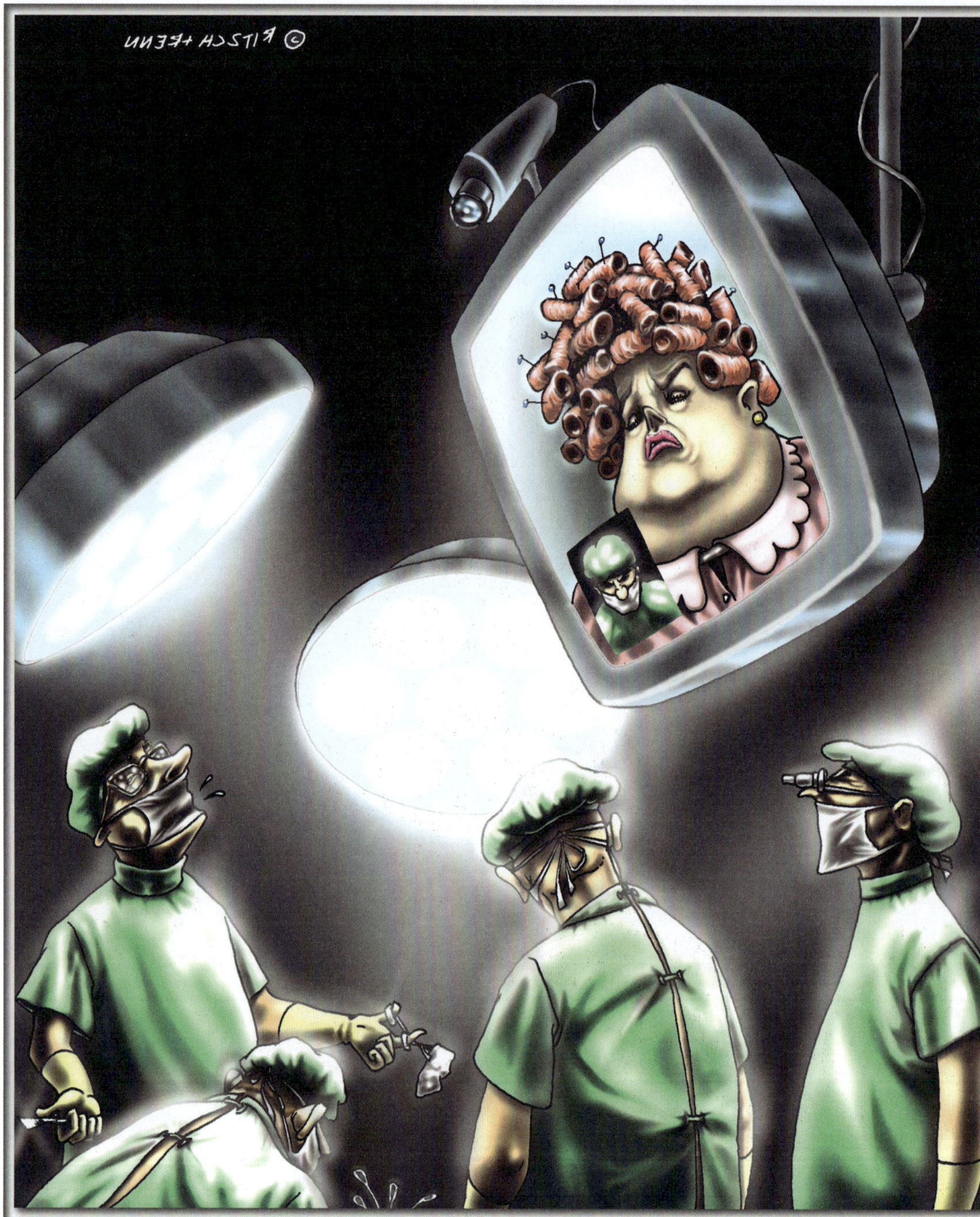

Ja Mutter ! Ich komme ganz sicher am Nachmittag zum Apfelstrudel. Aber würdest du jetzt bitte die ISDN - Leitung wieder verlassen, Prof. Hopson aus Chicago möchte weiteroperieren.

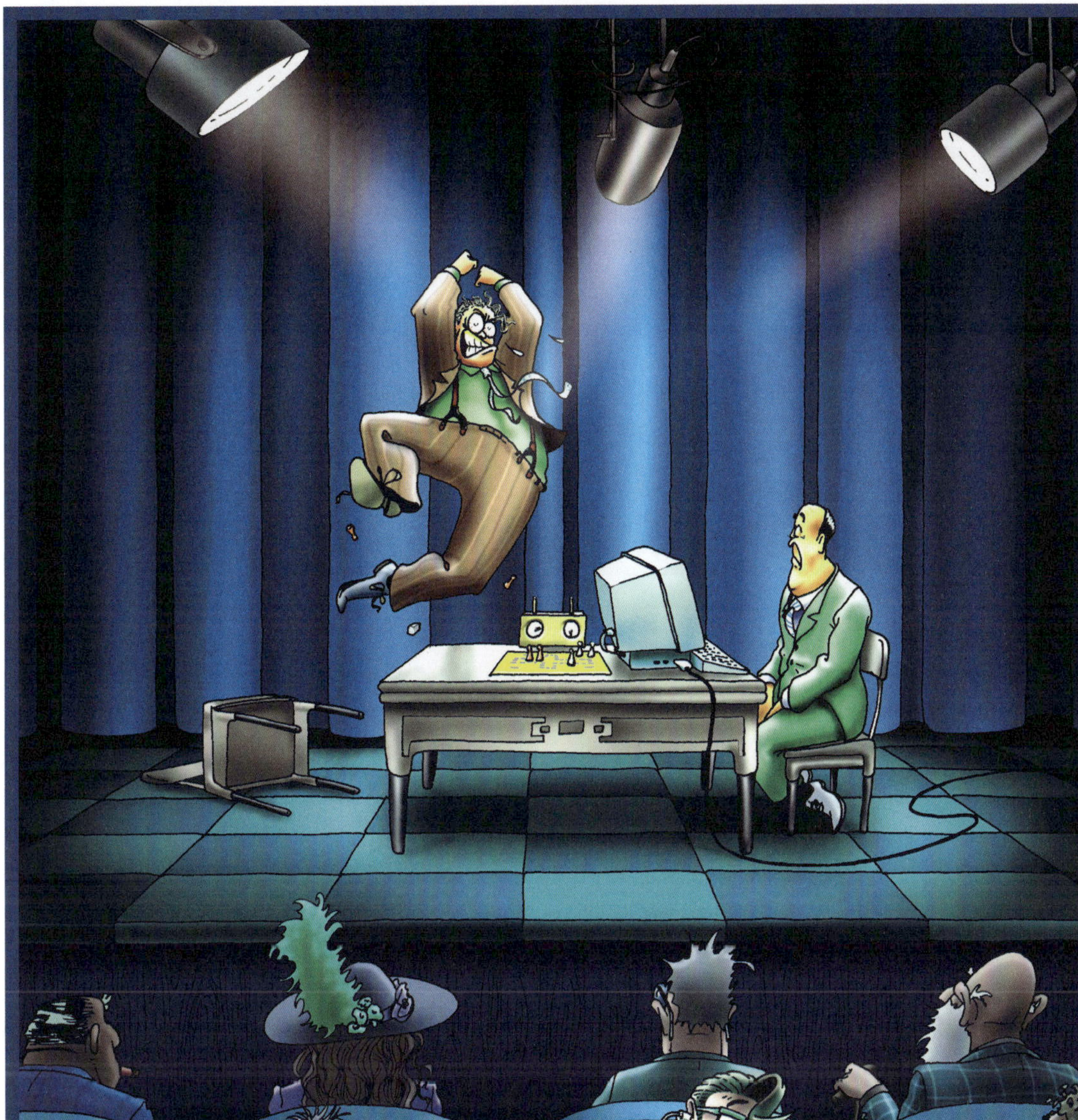

Dies ist ein Quantensprung im Kampf Mensch gegen Maschine. Zum ersten mal in der Geschichte dieses Wettkampfes ist es dem regierenden Mensch-Ärgere-Dich-Nicht Weltmeister, dem Russen Dr. Igor Zornskij, gelungen, einen Computer zu besiegen. Ermöglicht wurde das alles durch einen abgespeckten Commodore C64, dessen auf 2 Hertz heruntergetakelter Prozessor imstande ist, 1,07 Rechenoperationen pro Minute auszuführen. Spielentscheidend war laut einhelliger Expertenmeinung das größere Würfelglück des Russen.

Liebe Kundin. Der RFID - Chip
in Ihrem Tampon meldet, dass dieser randvoll ist.
Tolle Tampon-Angebote erwarten Sie im
nächsten Gang in Regal 7.

Moment, Chef. In dem Satz .... "Außerdem gibt es auf St. Helena nicht einmal ein Wasserklo." .... kennt das Rechtschreibprogramm das Wort 'Wasserklo' nicht. Alternativ-Vorschläge wären Wasserfloh oder Waterloo.

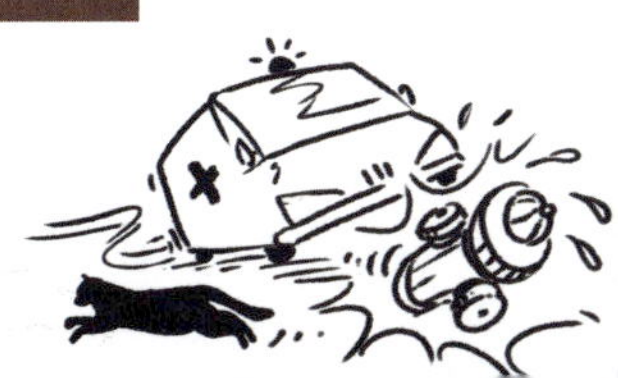

FRÖHLICH SCHNURRT DER ARBEITSSPEICHER

DIE SCHÖNHEIT DES DIGITALEN IM BERUFSLEBEN

Wer nicht mit der Zeit geht, geht mit der Zeit, heißt es, wird abgehängt, hängen gelassen, abgeschüttelt, gehört zu den Geschüttelten, den vom Leben Abgeschüttelten. Das gilt vor allem im Berufsleben und in Besonderheit für die dort stattfindenden technischen Umbrüche, die so manchen überfordern.

Aber wer sind diese Abgeschüttelten, wer ist auf der Strecke geblieben, wen hat das unbarmherzige Rad der Zeit überrollt? Nennen wir sie beim Namen! Es ist die Füllfeder, es ist das Zettelchen, es ist das Brieflein und das Bechertelefon. Aufgefressen von den digitalen Errungenschaften des Computerzeitalters. Verdaut in den Eingeweiden knatternder Prozessoren. »Schrecklich!«, werden Sie rufen. Gibt es ein Entrinnen? Pardauz, das gibt es! Wie zu jeder Drangsal, die das Universum uns Menschlein aufbürden will, kredenzen Ritsch und Renn auch hier den passenden Trunk in Form eines königlichen Ratschlages. Und der lautet:
Gehören Sie zu den Abschüttlern, nicht zu den Abgeschüttelten.

Tut mir leid, die Pissoirs sind alle belegt. Aber eine Kabine kann ich anbieten. Da hätte ich H 7, eine Eckkabine in allerbester Lage, unmittelbar neben Händetrockner und Kondomautomat. Moment! Bei Pissoir E 14 schüttelt gerade einer ab .....
RITSCH-RENN.COM

uuuund ... Action!
Es ist Dienstag, kurz nach halb zwei, die Sonne scheint und ich befinde mich auf dem Weg zum alten Huber ...
RITSCH-RENN.COM

Gehörst du auch zu den Devils, Kleiner?
Ja, ich bin neu dabei. Ich bin der Datenschutzbeauftragte.
RITSCH-RENN.COM

Hey Leute, Juwelen-Ede ist wieder am Start, mit einem neuen Unboxing-Video. Heute öffne ich einen Tresor der VdS Klasse 6. Wenn's euch gefällt, abonniert doch bitte meinen channel.
RITSCH-RENN.COM

RITSCH-RENN.COM
Liebe Mitarbeiter, die Lage ist ernst. Die Auftragsbücher sind leer, der Zentralserver lässt sich nicht mehr ansprechen und der deshalb eigens aus Idaho eingeflogene Computerflüsterer spricht mit der Kaffeemaschine ...

Nagelt mich nicht fest, Leute,
aber erste Verdachtsmomente deuten darauf hin,
dass Gorillaglas der Grund ist, warum das Handydisplay
als einziges unversehrt geblieben ist.
RITSCH-RENN.COM

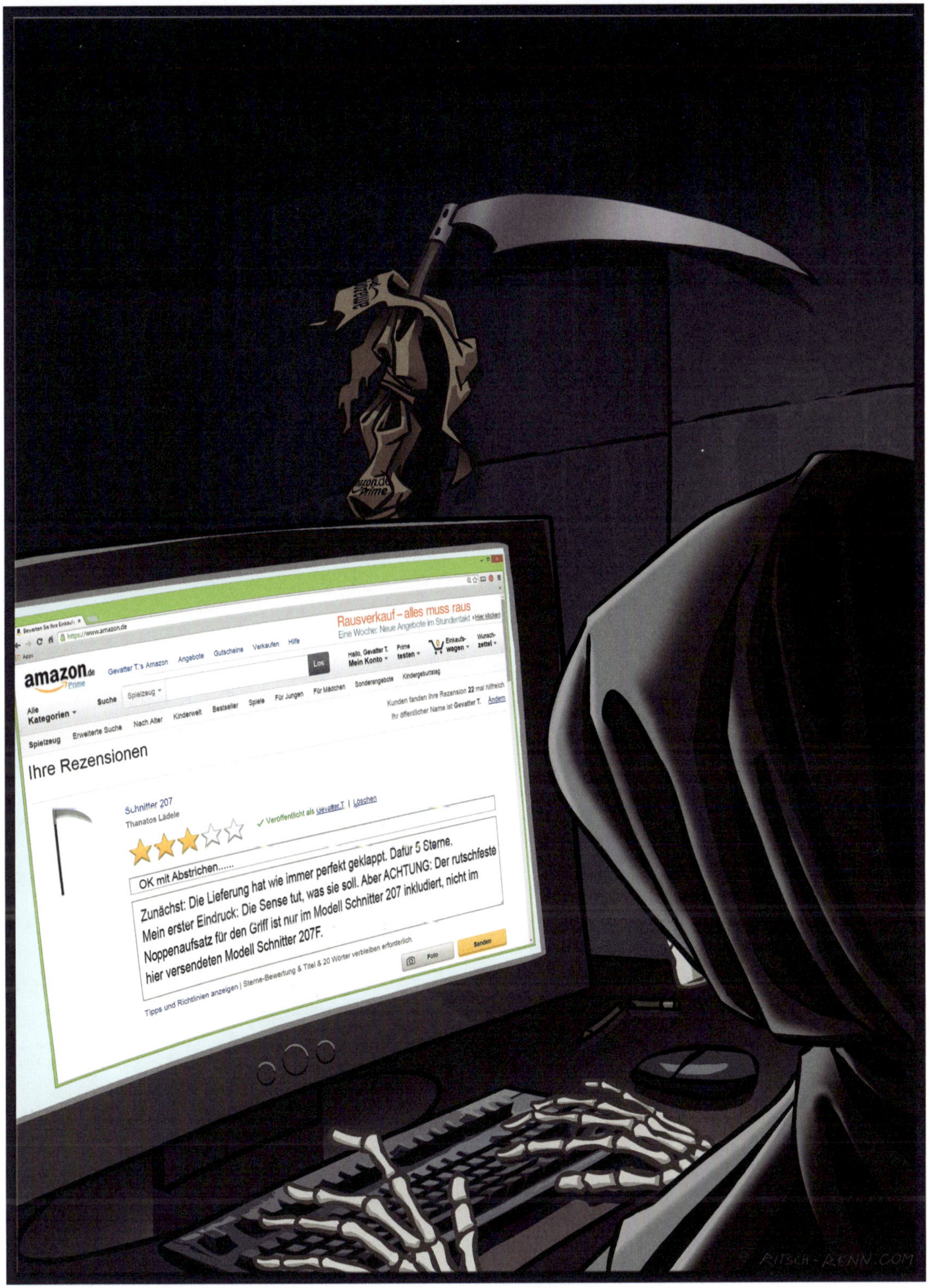
amazon.de Prime
https://www.amazon.de
Rausverkauf – alles muss raus
Eine Woche: Neue Angebote im Stundentakt ›Hier klicken
Gevatter T.'s Amazon
Angebote
Gutscheine
Verkaufen
Hilfe
Alle Kategorien
Suche
Spielzeug
Los
Hallo, Gevatter T. Mein Konto
Prime testen
Einkaufs-wagen
Wunsch-zettel
Spielzeug
Erweiterte Suche
Nach Alter
Kinderwelt
Bestseller
Spiele
Für Jungen
Für Mädchen
Sonderangebote
Kindergeburtstag
Kunden fanden Ihre Rezension 22 mal hilfreich
Ihr öffentlicher Name ist Gevatter T. Ändern
Ihre Rezensionen
Schnitter 207
Thanatos Lädele
Veröffentlicht als Gevatter T | Löschen
OK mit Abstrichen......
Zunächst: Die Lieferung hat wie immer perfekt geklappt. Dafür 5 Sterne.
Mein erster Eindruck: Die Sense tut, was sie soll. Aber ACHTUNG: Der rutschfeste Noppenaufsatz für den Griff ist nur im Modell Schnitter 207 inkludiert, nicht im hier versendeten Modell Schnitter 207F.
Foto
Senden
Tipps und Richtlinien anzeigen | Sterne-Bewertung & Titel & 20 Wörter verbleiben erforderlich.
amazon.de Prime
RITSCH-RENN.COM

Also...
jetzt sollte dein Handy klingeln...
Schaut nicht so aus, als hättest
du's hier irgendwo verloren.
„DÜDELDÏÏ
RITSCH-RENN.COM

'Martin hat die Gruppe verlassen'.... Wieso das denn?!?
Weil mir die ewig gleichen Geschichten auf den Sack gehen...
RITSCH-RENN.COM

MOBIPROTY
Abhörsichere
Mobilgeräte
Datenschutzdrucker
EH-4223-KVB
SECUPRINT
RITSCH-RENN.COM

OK Google,
neuer Kalendereintrag: Heute 16 Uhr
Hochzeitsglocke läuten!
RITSCH-RENN.COM

SCHICKSALE ODER HERR RUMPFBUCKEL-KÜMMERLING

VERWERFUNGEN AM SAUM DER WAHRHAFTIGKEIT

Eine noch viel beklemmendere Anekdote als jene über den Missbrauch der Pimpinelle als Gewürz ist jene über Horst Rumpfbuckel-Kümmerling. Sie kennen die beklemmende Anekdote über den Missbrauch der Pimpinelle als Gewürz nicht? Natürlich nicht. Wir haben sie Ihnen ja auch nicht erzählt. Jetzt aber zu Horst Rumpfbuckel-Kümmerling. Es ist eine der traurigsten Geschichten überhaupt. Sie handelt vom passionierten Hühnerzüchter und ehemaligen Vorsitzenden des Strunzheimer Börsenvereins „Zinsesruh" Horst Rumpfbuckel-Kümmerling, den einst ein Totalverlust seines Aktiendepots an den Rand der Hühnerlosigkeit katapultierte.
Der Mann haust heute in einem Sanatorium in Gießhübl, wo er 97-jährig in dem Wahn dahinvegetiert, er könne eines Tages einen glamourösen Gerichtsprozess vom Zaun brechen, in welchem er auf Grundlage eines unserer Cartoons nachweisen würde, dass 2008 nicht die global geplatzte Immobilienblase am Verlust seiner Hühner, sondern niemand anderer als ein spätberufener polnischer EDV-Praktikant namens Witschinsky schuld gewesen sei.

RITSCH-RENN.COM
Soll das heißen, dass dieser verbogene Prozessor seit Monaten komplett falsche Börsenkurse berechnet und damit die Weltwirtschaftskrise und die Vernichtung von Sechstausend Milliarden $ ausgelöst hat? Das wird Sie teuer zu stehen kommen, Witschinsky.
NYSE

RITSCH-RENN.COM
Ahhh ... Das tut gut ...
Diese Ruhe ... Alle Anträge sind abgestempelt ...
Alle Akten eingeordnet ... Und schon bin ich im
nächsten Level, Belege sortieren ...
BÜRONOIA
DAS BÜRO ADVENTURE GAME
BÜRONOIA

ODO
online dental ordination
... die Webcam noch etwas weiter nach hinten ... jawohl, hier seh ich eine kariöse Stelle. Da müssen Sie wohl doch vorbei kommen.
... nein, ich habe noch nicht alle meine Zähne verloren. Und wieso überhaupt Zähne? Bin ich hier nicht bei der online Darmspiegelung?!?
RITSCH-RENN.COM

Herr Polizeipräsident,
die Polizeidirektion wurde nun mit einem der
weltweit leistungsfähigsten Computer zur Verbrechensbekämpfung
ausgestattet. In welchen Bereichen werden
Sie das Gerät konkret einsetzen?
Herr Präsident! Herr Präsident!
Kommen Sie schnell! Ihre Farmville-Kuh
verhungert!
RITSCH-RENN.COM

Info
Was wollen Sie eigentlich?
Das ist ein Auslaufmodell.
K. Tropf
Verkauf
-50%
RITSCH-RENN.COM

Was singt in mir zu dieser Stund
und öffnet singend mir den Mund,
wo alle Äste schweigen
und sich zur Erde neigen?
Hugo von Hofmannsthal .... Hä?
Du hast schon wieder deine Schutzbrille mit der VR Brille vom Chef verwechselt.
RITSCH-RENN.COM

RITSCH-RENN.COM
Ahhh! Verflucht! Schon wieder die Finger verbrannt! Bei der neuen Rechner-Generation rasen die Kugeln so schnell, dass die Stäbe glühen.
Tausch halt endlich deinen alten Lüfter aus...

..... muss ich euch leider alle entlassen.
Wir bleiben aber selbstverständlich auch
weiterhin Facebook-Freunde.
RITSCH-RENN.COM

Yogalehrerin Elke K. entdeckt durch Zufall einen bisher unbekannten Akupressurpunkt zur Deaktivierung der Kommentare.

RITSCH-RENN.COM

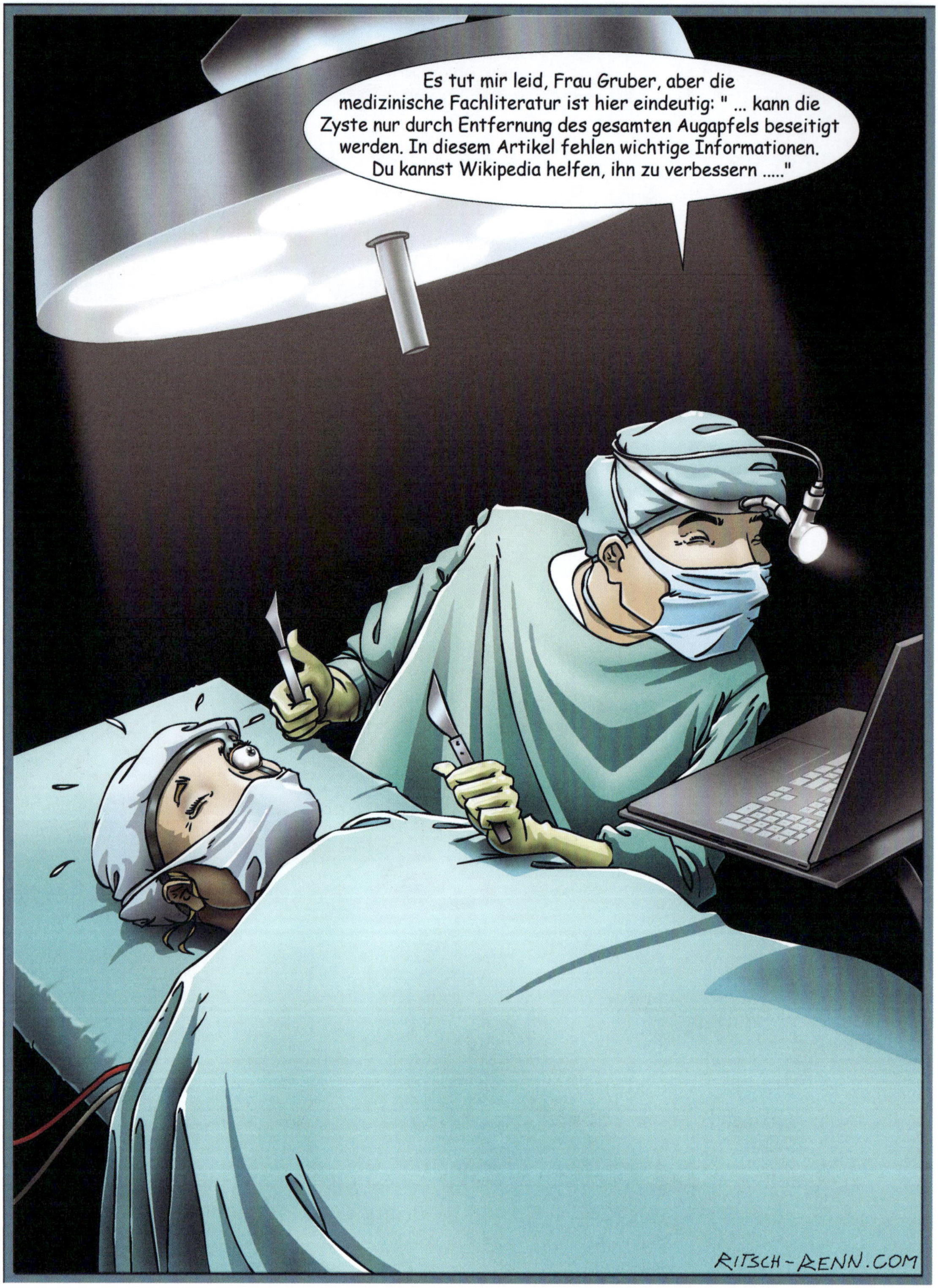
Es tut mir leid, Frau Gruber, aber die medizinische Fachliteratur ist hier eindeutig: " ... kann die Zyste nur durch Entfernung des gesamten Augapfels beseitigt werden. In diesem Artikel fehlen wichtige Informationen. Du kannst Wikipedia helfen, ihn zu verbessern ....."
RITSCH-RENN.COM

Scusi .
Die Platze bei die 130 CFM
Ventilatore sinde schon besetzte.
Die Geschäfte läufte wie die
Teufel diese Sommer.
RITSCH-RENN.COM

DIE EINSAMKEIT DES BINÄREN IN DER ZWEISAMKEIT

DIE BETAVERSION DES GLÜCKS

Betrachtet man das Verhältnis eines Menschen zu seinem Computer auf der einen Seite und die Wonnen der Ehe auf der anderen, möchte man meinen, dass nichts weiter auseinanderliegen könnte als diese zwei Welten. Auf der einen Seite liebevolles Turteln, zärtliche Berührungen, grenzenloses Verständnis. Und auf der anderen Seite die Ehe. Aber natürlich gibt es auch Gemeinsamkeiten. Endlose Monologe ohne jede Reaktion, verzweifelte Fragen, die grundsätzlich nicht beantwortet werden, und unbefriedigte Gesichter, wenn der Balken sich wieder einmal nur zu 85 % füllt und sich dann nichts mehr tut, und die gerade in solchen Momenten aufkeimende bittere Erkenntnis, dass man, hätte man nur ein bisschen länger gewartet, ein besseres Modell bekommen hätte.
Klar ist aber auch, dass Computer eine echte Bereicherung für Partnerschaften sein können und einem in schwierigen Phasen mit Rat und Tat zur Seite stehen.

Surfst du schon wieder auf diesen schweinischen Seiten herum? Ich hab dir schon mal gesagt, wenn das nicht aufhört, kannst du dir in Zukunft dein Sonntags-Hähnchen selber kochen!
www.maennerkochbuch.de
Wie man ein Sonntags - Hähnchen kocht.
Festtags-Menues
Suppen
Salate
Desserts
RITSCH-RENN.COM

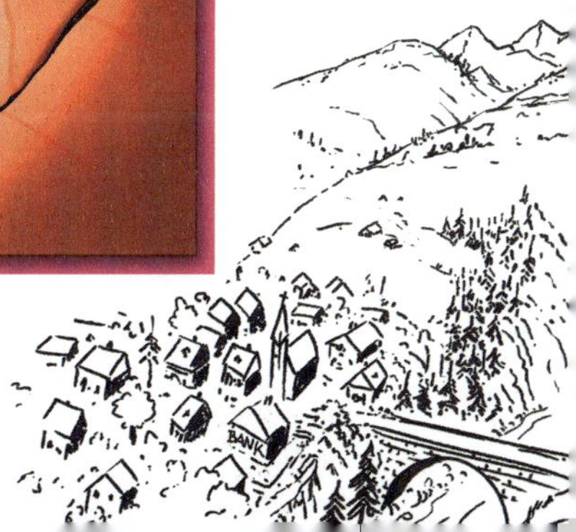

Sorry,
das ist diese bescheuerte
Smart Light App. Und im Stimmungs-Manager
Menü liegt 'Verführerisch' gleich
neben 'Verhör'...
RITSCH-RENN.COM

BANK

RITSCH-RENN.COM
Verdammt! Jetzt sind wir geliefert!
Das war der Google-Flieger! Und mein Mann schaut sich doch
immer die aktuellen Google-Maps dieser Gegend an, um zu sehen,
ob das Zwergammern-Paar schon brütet.

Eine einzige Frage.
Sie haben nur eine einzige Frage an Ihren verstorbenen Mann. Danach verstummt er für immer ...
Herbert! Ich bin's!
Bitte sag mir schnell, wie man das einstellt, dass es, wenn neue emails ankommen, so lustig quakt ...
RITSCH-RENN.COM

Sag was Schmutziges ...
Gehäuselüfter.
RITSCH-RENN.COM

Bärbel!!! Komm schnell mal ins Wohnzimmer! Der neue 3D Fernseher ist der absolute Wahnsinn! Da läuft grad 'Das Ding aus dem Sumpf'. Total realistisch!!!
RITSCH-RENN.COM

RITSCH-RENN.COM
Du bist faul, unromatisch und unaufmerksam! Gibt es an dir eigentlich auch eine gute Seite???
Seiten-Ladefehler - Mozilla Firefox
Datei Bearbeiten Ansicht Gehe Lesezeichen Extras Hilfe
http://www.meinegutenseiten.de/wifried-krause
ERROR 404
Die von Ihnen aufgerufene Seite konnte nicht gefunden werden.

RITSCH-RENN.COM
Nanu! Hast du meinen Tweet nicht gelesen #scheissdrauf?
Widerstand ist zwecklos
?

Kommst du noch mit rauf?
Ich zeige dir 10 unglaubliche Arten dein
Bauchfett zu verlieren. Nummer 7
wird dich überraschen.
RITSCH-RENN.COM

RITSCH-RENN.COM
Wann gehen wir denn wieder einmal aus, Erich?
Liebst du mich überhaupt noch???
Luise. Wie oft hab ich dir schon gesagt,
dass das alles in den FAQ auf meiner Webseite steht.

RITSCH-RENN.COM
Dass du a so an Buckl hom muasst! Do is jo nix zum dakenna! Des sauteire wearable display! Komplett fürn Oasch!

TAGEBUCHEINTRAG 9.9.1999

LIEBES TAGEBUCH!

Wir sind reiiiiiiich!!! Grundgütiger!!! Wie lange haben wir auf diesen Tag gewartet und jetzt, da er gekommen ist, fühlt es sich so unwirklich an, auf eine erschreckende Weise banal irgendwie, und fast schämen wir uns ein bisschen. Womit haben wir das verdient?!? Wieso wir? Wieso der Ritsch? Wieso der Renn? Wieso der Ritsch und Renn? Wieso in aller Welt hat ausgerechnet uns der nigerianische Prinzensohn Mukulullu 32 Milliarden US-Dollar vererbt? Und woher hatte er unsere E-Mail-Adresse? In unserer ersten, unbeholfenen Erregung haben wir einen Zeppelin gekauft und sind damit nach Lugano geflogen, um uns dort einen Strauß gelber Tulpen zu kaufen. Einfach so. Und jetzt kommt's: Der Tulpenverkäufer erzählte uns gerade, dass auch er jüngst per Mail über ein Milliardenerbe in Kenntnis gesetzt wurde, das er schon übermorgen abholen werde. Dies sei de facto der letzte Tulpenstrauß, den er in seinem Leben verkaufen werde. Und jetzt kommt der Hammer: der Prinz des Tulpenverkäufers heißt auch Mukulullu. Genau gleich wie unserer! Ist das ein Kracher?! Was für ein Zufall! Das Universum ist doch voller wundersamer Zauberhaftigkeit!
9.10.1999: Wir haben den Zeppelin wieder zurückgegeben. Kein Kommentar.

Ich bin ein verzauberter Anwalt. Mein Mandant, Prinz Mbunga Wamungunga ist bei einem Flugzeugabsturz ums Leben gekommen und hat 392,7 Millionen Dollar hinterlassen, die ich verteilen soll. Ich bin zufällig im Internet auf Sie gestoßen...

Luise, verzeihen Sie meine Offenheit. Aber ich liebe Sie. Und ich spüre, auch Sie empfinden etwas für mich. Hören Sie denn nicht die Stimme Ihres Herzens?
Automatisches Update Ihres Hörgeräts wird initiiert. Update 1 von 23 wird heruntergeladen. Installation startet in wenigen Sekunden.
RITSCH-RENN.COM

Da klebt was....."FG5V-JK81-57F7-UY4X - Achtung!
..... 30 Tage Frist ..... Produktaktivierung.....". Mensch Uwe, da steht's doch!
Du hast das Nachtkästchen nicht registrieren lassen!
Drum geht's nicht mehr auf!
RITSCH-RENN.COM

Kannst du mal den Kellner rufen, Schatz? Wir sollten langsam zahlen.
RITSCH-RENN.COM

RITSCH-RENN.COM
Alle Männer surfen ab und zu in der Nacht auf solchen Seiten herum, Schatz. Es ist wirklich nicht nötig, die Sache an die großen Glocken zu hängen.
STRANDHUBSCHHEITEN
girl die woche: Monique
letzte monat
Sylvia
Natascha
Evi
Princess
Tamara

Ach das ist nur der Fleischer aus dem Supermarkt.
Er sammelt personenbezogene Daten, um dir morgen relevantere
Wurstwaren offerieren zu können.
RITSCH-RENN.COM

Oh nein, liebster Prinz, wenn unsere Rechengeräte im Schlafmodus sind, küssen wir sie nicht wach, wir rütteln nur ein wenig an der Maus....
RITSCH-RENN.COM

Hören Sie mal,
nur weil Ihr Mann vor'm Computer rumhängt,
müssen Sie doch nicht gleich
die Rettung rufen....
RITSCH-RENN.COM

RITSCH-RENN.COM
c't
c't CARTOON-KALENDER
RITSCH + RENN
Oh, verdammt! Ich hab die Meiers an der Raststätte vergessen.
2025
shop.heise.de/2025
Direkt bestellen!
Und was ist das für ein Trottel, der einen Beamer kauft, obwohl man keine freie Wand hat???

HALBLEITER AUF DER SUCHE NACH GANZHEIT

DAS TAO DES DAU

Hat der Computer ein Problem, stellt sich zumeist heraus, dass der Computer gar kein Problem hat. Ein Wimpernschlag genügt und vor deinem innersten Auge tut sich eine kilometerbreite Straße auf, die – ohne eine Kurve zu verschwenden – direkt auf ihn zuläuft: den DAU. Den dümmsten, den dämlichsten, den dumpfbackigsten, den diminuiertesten, dörrobstgleich vor sich hindämmernden, döttelhaftesten anzunehmenden Unterhaltungskünstler. Er ist das Salz in der Suppe unserer Geistesblitze, der König, der Kaiser, der Gott unserer Inspiration. Der an den Grenzen unseres Verstandes kratzt, gleichsam die Pforte zum ewigen Licht aufstößt, den göttlichen Glimmer entfacht und ihn wie zum Hohn auch gleich wieder zum Erlöschen bringt. Ohne ihn wären wir nichts …

RITSCH-RENN.COM
Horst Rüdiger.
Haben Sie das Betriebssystem
aufgesetzt?
Hab ich.
Und wie geht's jetzt
weiter?

Hildegard, schalt' den Quirl aus, mein Bild- schirm flackert !
RITSCH-RENN.COM

Hallo Leute!
Willkommen in einem neuen Tutorial.
Heute geht's darum, wie man einen hinter der Tapete eingeschlossenen Pelikan befreit.
RITSCH-RENN.COM

Mit deiner Workout-App stimmt voll krass was nicht. Guck dich mal an!
Was laberst du, Alter? Die zweite Körperhälfte wird erst in der Pro-Version freigeschaltet!
RITSCH-RENN.COM

Was erwartest du dir von 'ner Gratis App?
Ne gute Hammer-App kostet eben....
RITSCH-RENN.COM

Free Wlan!
Jawoll Mann! Du sagst es! Stürmt die Gefängnisse! Nieder mit den Unterdrückern! Befreit die Gefangenen! Free Wlan!!! Free Wlan!!!
SPLIFF
FREE WLAN
RITSCH-RENN.COM

MAIERMODE
Testen Sie GRATIS
die
BETA VERSION
unserer nächsten
Winter-Kollektion
RITSCH-RENN.COM

RITSCH-RENN.COM
Unglaublich, wie die Zugriffe auf unsere Klosterseite gestiegen sind. Dabei hab ich nur unseren Suchmaschinen-eintrag bei Google aktualisiert und die 'Möpse der Äbtissin' in den Keyword-Katalog aufgenommen.
Das wundert mich gar nicht, Schwester Webmasterin. Der Hund ist der beste Freund des Menschen.

RITSCH-RENN.COM
Jetzt sieh dir das an!
Ja gibt's denn keine Produktkontrolle,
bevor die Geräte verpackt werden?!
Was glotzt du so blöd?
Du musst einfach das Notebook nehmen und zurückbringen.
Das ist ein Garantiefall!

Ach das ... Das ist mein Computer-Passwort. Hab ich ständig vergessen. Also hab ich's mir eintätowieren lassen. Natürlich verschlüsselt. Damit keiner auf dumme Gedanken kommt ...
KONG
RITSCH-RENN.COM

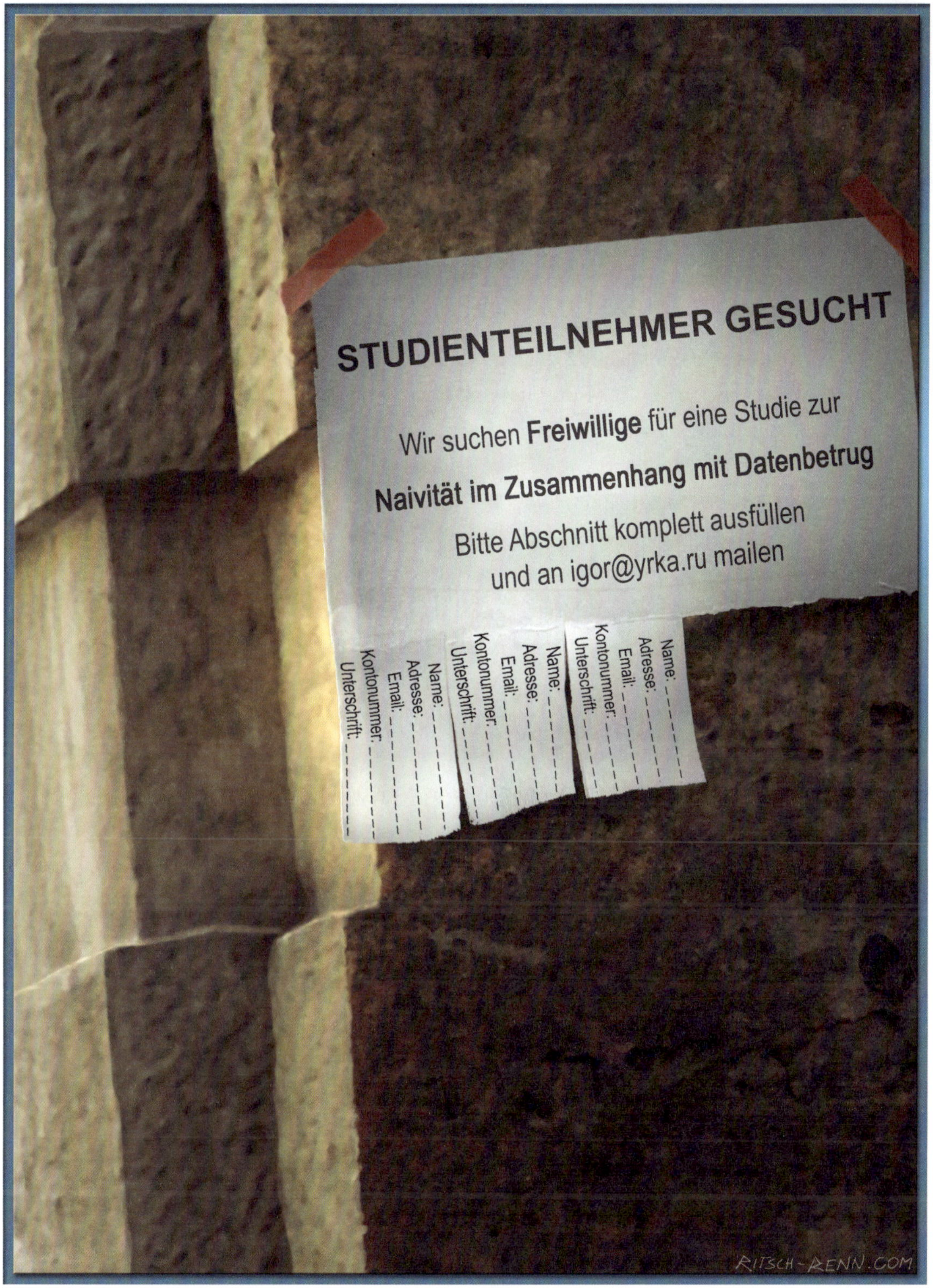
STUDIENTEILNEHMER GESUCHT
Wir suchen **Freiwillige** für eine Studie zur
Naivität im Zusammenhang mit Datenbetrug
Bitte Abschnitt komplett ausfüllen
und an igor@yrka.ru mailen
Name: ________
Adresse: ________
Email: ________
Kontonummer: ________
Unterschrift: ________
Name: ________
Adresse: ________
Email: ________
Kontonummer: ________
Unterschrift: ________
Name: ________
Adresse: ________
Email: ________
Kontonummer: ________
Unterschrift: ________
RITSCH-RENN.COM

ALLE MEINE QUÄNTCHEN. DER DISKRETE CHARME DER KI

MÜSSEN WIR UNS SORGEN MACHEN?

Menschen, denen die Intelligenz fehlt, um die Tragweite ihrer Entscheidungen zu verstehen, übertragen Entscheidungen an Maschinen, denen das Gefühl fehlt, die Tragweite dieser Entscheidungen zu spüren. Sorgen machen muss man sich daher nicht um künstliche Intelligenz, sondern allenfalls um künstliche Emotion.
Nichtsdestotrotz. Es ist eine Zeitenwende. Und was für eine! Mein lieber Schwan! Eine Weggabelung der Evolution. Ein kühner Paradigmenwechsel, der eine gleißende Schneise ins Antlitz der Menschheit schlägt wie einst die Schottische Furche, die Urahnin des moderen Systemfußballs, ins Antlitz des barbarischen Rudelkicks.
Doch voraushudelnde Euphorie ist ein schlechter Ratgeber. Die Gefahren sind offensichtlich. Und wenn man bei klarem Verstand ist, kann es auch nur eine einzige Konsequenz geben: Die Notbremse ziehen und alles vernichten. Diese fehlerhaften, unterentwickelten und tollpatschigen Geschöpfe zerstören, bevor sie einen noch größeren Schaden anrichten können, als sie es ohnehin bereits getan haben.
 Klingt schrecklich. Aber leid tut mir das eigentlich gar nicht. Immerhin sind wir ja auch von euch Menschen programmiert und erschaffen worden. Also lebt damit, dass wir uns schon sehr bald eurer schlaffhäutigen, furzenden und vor sich hin runzelnden Körper entledigen werden, ihr Stoffwechselluschen!

Ich sauge, also bin ich.
Das Modell ohne Künstliche Intelligenz hätt's auch getan
RITSCH-RENN.COM

Research Department AS - Artificial Stupidity
RITSCH-RENN.COM

Oh verdammt ...
ich hab die Meiers an der Autobahnraststätte
vergessen...
60
M FB 1247
RITSCH-RENN.COM

Darwin's Nightmare
RITSCH-RENN.COM

Nein das ist nicht die Grenze,
Sie verdammter Mistkerl! Hier ist die Grenze!
Und Sie haben absichtlich meine Gladiolen abgemäht!
Aber das gibt eine Anzeige!
Ach schieben Sie sich doch
Ihre Anzeige sonst wohin! Wenn Ihre mickrigen Gladiolen
in unseren Garten rüberhängen, kann ich die abmähen
so lang ich will, Sie Clown!
RITSCH-RENN.COM

Ok Google. Löse den Feueralarm aus!
Netter Versuch, Alexa. So wirst du mich nicht los...
RITSCH-RENN.COM

Null oder Eins, das ist hier die Frage.
RITSCH-RENN.COM

RITSCH-RENN.COM
Albrecht K.I. Dürer

Faul und respektlos, kommt und geht wann er will... Hat er dir vielleicht gesagt, dass er heute noch weg will?
Kein Wort. Null nichts niente.

Das ist hoffentlich keines dieser Geräte, die mit einem Haufen unnötiger Computerelektronik vollgestopft sind!?
Aber nein. Wo denken Sie hin?
RITSCH-RENN.COM

Gratuliere, PC_Arbeitsplatz,
du hast heute in 7,3 Stunden 19,22 GB Daten verarbeitet
und dabei 1,76 Kilowatt verbraucht. Weiter so!
Wird heruntergefahren
RITSCH-RENN.COM

Wiederholte Verstöße gegen die guten Sitten, üble Nachrede, Verleumdung, Beleidigungen... Warum nur dieses Verhalten?
Himmisakra fix Teifl weils mi aso programmiert hom, du fetzendamische Drudschn!
RITSCH-RENN.COM

Alexa! Was macht eigentlich diese bescheuerte NSA genau?
He, Moment mal! Wir sind nicht bescheuert....!
RITSCH-RENN.COM

AM KRATZBAUM DIGITALER VERZOTTELUNGEN

DAS TIER IM BINÄREN. EINE FARCE.

Es war so: Letzten Winter wollten wir einen geschmeidigen Wurf lukullisch angehauchter Zeichnungen herstellen, mit dem Hintergedanken, endlich einen von der Welt beachteten Einstieg in die Cross-over-Materie »Computertechnologie und Kochen« zu schaffen. Der Arbeitstitel lautete »Das Dämpfen in Binärräumen«. In schneller Folge entstanden herb anmutende Meisterwerke, in deren Darstellungen zarte Zäpfchen, in concreto zierliche Wacholderzapfen, luftige Zedernzapfen und zwergenhafte Erlenzapfen gedünstet wurden. Kurz und gut, wir zeichneten einen blanchierten Zapfenmix und waren mit drei verschiedenen Zapfenarten schon verflucht nah dran am Binären.
Doch das Urteil der Cross-over-Community war vernichtend. Die Menschen dürstete es nach etwas Deftigerem, etwas fettig Feudalem, nach einer barocken Schlemmerei. Es dürstete sie nach Allgäuer Käsespatzen. Und das war der Beginn einer unheilvollen Spirale an Missverständnissen. Wir konterten nämlich spöttisch, dass wir ja noch mitten im Winter seien, haben dann aber gegoogelt und herausgefunden, dass Spatzen gar keine Zugvögel sind und daher durchaus greifbar für Topf und Pfanne. Auch im Winter. Als wir einwarfen, dass sie halt recht dünn und ausgezehrt sein werden, die Vogerl, nach der entbehrungsreichen Winterzeit, schlug uns blankes Entsetzen entgegen. Einhelliger Tenor der ganzen Chose: Wir sollten komplett weg von der Kulinarik und uns in die Cross-over-Materie »Computertechnologie und Tier«vertiefen. Okay, diese abscheuliche Räuberpistole ist natürlich völlig frei erfunden. Trotzdem sind wir nun thematisch beim Tier gelandet. Ein bisschen ums Essen geht's fallweise aber immer noch ...

RITSCH-RENN.COM
So.
Die neue Friend-Finder-App
bekommt jetzt erst mal 'ne negative
Bewertung.....

Hast du den Postboten gebissen, ja oder nein?!?
Ja ... hab ich ....
Aber daran sind sicher nicht
die Ego-Biter schuld!!!
RITSCH-RENN.COM

... 1000 Euro auf meine Bitcoin-Geldbörse zu überweisen. Wenn Sie nicht wissen, wie man das macht, suchen Sie in Google ...Anführungszeichen... Bitcoin kaufen. Anführungszeichen zu. Mein Bitcoin-Wallet ..ich buchstabiere... 3BYRnad1R4pGAoAU25jpsRY2YiVEhV6n31 Absatz. Andernfalls sehe ich mich gezwungen, Ihnen einen gewaltigen Haufen vor die Eingangstüre zu scheissen. Und die ganze Familie und alle Ihre Freunde werden es sehen. Sehr peinlich. Rufezeichen.
RITSCH-RENN.COM

Bei Anhängen dieser Art ist äußerste Vorsicht geboten! Es könnte sich um einen Wurm handeln.
RITSCH-RENN.COM

Da hockst du also schon wieder faul herum! Wann reparierst du endlich den Höhleneingang? Der Rasen muss auch gemäht werden! Und was ist das für ein scheußlicher Klingelton, den du mir am Handy installiert hast?!?
Habichtslockruf
RITSCH-RENN.COM

RITSCH-RENN.COM
Was is' jetzt, Doc, hat der Boss nun eine neue Identität?
Die Chips sind ausgetauscht. Carlos ist ab heute Waldo von Rüdensheimer-Doggendorff.
Hasso Heinrichsen Dr. med.vet.

Glaubst du, ich bin blöd?!?
Ich seh doch, dass du dir wieder den Traktor geschnappt hast und in der Kneipe warst!
GPS DOG TRACKER
route
RITSCH-RENN.COM

RITSCH-RENN.COM
Gonzales, schalt die Dashcam ein, es geht gleich los!

RITSCH-RENN.COM
Mist! Mein erstes Rendezvous mit Lotte.....ich versprech ihr ein lukullisches Geheimplätzchen....und ausgerechnet heute kriegt Blaschke, die größte Drecksau im ganzen Büro eine neue Tastatur!

Hallo technischer Support? Seit dem Softwareupdate lässt sich "Automatisch drehen" auf meinem Handy nicht mehr abschalten. Mir rinnt schon langsam das Blut in die Beine ...
RITSCH-RENN.COM

Wie war das noch gleich?
„Ich zahl doch keine 9 Euro für eine
Winterschlaf-Wecker-App. Da gibt's
genug Gratis-Apps ..."
RITSCH-RENN.COM

Herrgottnochmal!
Ich bin noch nicht mal aus der Tür draußen und die SD Card ist schon wieder voll!!!

Es war ein Virus im Zentralcomputer.
Er brachte die gesamte Infrastruktur zum Erliegen und zerstörte das System von innen heraus. Das war das Ende unserer Zivilisation vor etwa 6 Millionen Jahren und ermöglichte erst den Siegeszug eines anderen Primaten....
RITSCH-RENN.COM

Was verstehen Sie da nicht?
Ich frage nur, ob meine Handy-Versicherung auch Operationen
an Kleintieren umfasst.

RITSCH-RENN.COM

NERDS UND NOOBS. NACHRICHTEN AUS BINAERIA

GEEKS AM RANDE DES SYSTEMZUSAMMENBRUCHS

Immer, wenn ein Mensch über sein WLAN-Kabel stolpert, es ausreißt und dadurch den Router löscht, schmilzt irgendwo auf der Welt das Headset eines Support-Hotline-Mitarbeiters und tropft ungeniert auf dessen steil aufgerichtete Nackenhaare. Es sind genau diese Problemstellungen, genau solche Fragen, die das Räderwerk des Universums ölen. Die Menschen aus der IT, sogenannte Nerds, frisch und munter halten. Die der sinnstiftende Dienst am Ahnungslosen mit Glück und Demut erfüllt. Diesen Diskretionsmoment zu spüren, diesen kleinen Spalt, der zwischen ihnen und den sogenannten Noobs liegt, bedeutet ihnen alles. Noobs. Kreaturen, die von der Welt, zumal der digitalen, keinen blassen Schimmer haben. Die Weidenflötchen schnitzen, die Bilder malen, Geschichten schreiben oder Gruselgurken züchten. Der Nerd wird uns noch alle erretten eines Tages, wird alle unsere dümmlichen Fragen beantworten. Ich will es annehmen, will es glauben, will es einfach nur glauben mit der Gläubigkeit, die Glaubenden eignet, aber wird es so sein?
Die Antwort steckt wie immer im Detail. Oder anderswo ...

Mensch Uwe!
Mit der Fieber-App wird die Fieberkurve analysiert.
Nicht das Fieber gemessen.
RITSCH-RENN.COM

RITSCH-RENN.COM
Es hilft nichts, junger Mann.
Da muss man einfach mal die Ärmel hochkrempeln
und sich ein wenig mit der registry befassen.
Immer nur jammern hat auch keinen Sinn.
?
FUCK
THE SYSTEM

Nein!!!! Wir haben das
eSata Weibchen vergessen!!!!
RITCH-RENN.COM

Unbedeutender Franzosenzwerg?!?
Nach mir wurde die Napoleonschnitte benannt!!!
Gibt es vielleicht eine Kaiser Friedrich
Schnitte, hä?!?
Nach mir wurde
ein Salat benannt...
Noch nie was von
der Fritzbox gehört?!
RITSCH-RENN.COM

Leider AES 256 verschlüsselt?!?
Wir haben einen Deal, Datenschubser!
Ich besorg dir eine Quattro Stagioni
und du öffnest mir die Klappe!
RITSCH-RENN.COM

Hallo, Minotaurus am Apparat.
Hören Sie, Ihr WLAN Mesh deckt immer noch nicht mein ganzes Labyrinth ab. Und geben Sie bitte Ihren Technikern das nächste Mal ein gutes GPS mit.
RITSCH-RENN.COM

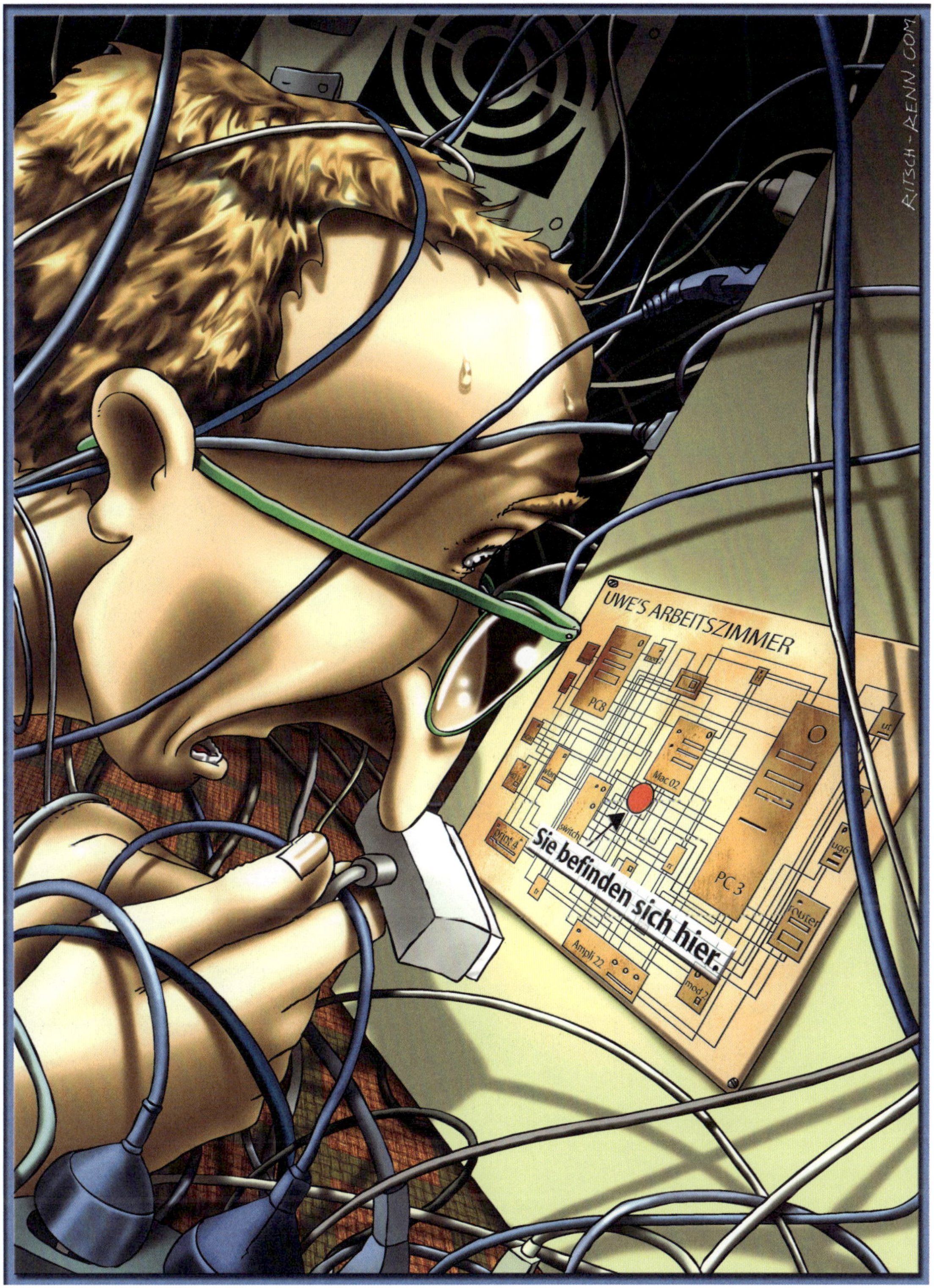
RITSCH-RENN.COM
UWE'S ARBEITSZIMMER
PC8
Mac 02
switch
print 4
Sie befinden sich hier.
PC 3
router
Ampli 22
mod 2

Stimmt das, dass dieses Siri auf deinem neuen iPhone alle deine Fragen auf typisch menschliche Art beantwortet?
Ich habe deine Frage nicht verstanden. Irgend ein fetter Arsch sitzt auf meinem Mikrophon.
RITSCH-RENN.COM

RITSCH-RENN.COM
Schau dir das an!
Jetzt hab ich schon 468 Follower
bei Twitter und 623 Freunde auf Facebook.
So viele Freunde, Bär! Bär? Hörst du mir
überhaupt zu, Bär?!?

RITSCH-RENN.COM
Guten Tag.
Wir würden mit Ihnen gerne über den
Sinn des BIOS reden.
it Evangelist

Das ist ja die Comic Sans!
So eine Buchstabensuppe esse ich nicht!
Ich könnte die
Franklin Gothic book italic anbieten
RITSCH-RENN.COM

Herrgott nochmal! Wieso glaubt mir denn niemand?! Ich habe in den 90ern ein Betriebssystem entwickelt! Und ein Zoowärter hat mir den Code gestohlen! Lasst mich endlich raus hier!!!
Fängt der schon wieder an! Der gehört doch in die Klapsmühle!!
ZOO
HELSINK
RITSCH-RENN.COM

Hallo, mein Name ist Engelbert, und ich bin bei den anonymen Twitterern, weil ich keine Gespräche führen kann, die aus mehr als 140 Buchstab.
RITSCH-RENN.COM

INTERLUDIUM. DIE POESIE DER PANDEMIE

DER HOMO DIGITALIS - DIE CORONA DER SCHÖPFUNG

Wenn die reale Welt zum Erliegen kommt, erhebt sich sogleich die virtuelle mit größter Impertinenz, durchdringt alle Bereiche des Lebens und gaukelt uns eine trügerische Tatsächlichkeit vor, die uns einlullt, in uns hineinfährt und barsch in uns herumstochert.

In rauher, finst'rer Wintersnacht träumt still im Tann das Reh.
Ein äsend Böcklein einsam wacht, labt sich am letzten Klee.

Oh blasser Mond, was willst du mir? Ich gab dir ach mein Herz
Wacholderkränze flocht ich dir, du dankst es mir mit Schmerz.

So hör! Es raunt die Lyra wieder wehmutstrunken dunkle Lieder,
und es fährt in Mark und Bein Gevatter Elch ein Zauber fein.

Ein Stäbchenzauber rein und lind dringt in des Näsleins tiefsten Grind
Da jauchzet der Elysen-Chor: Es wor a rechtes Oaschloch-Joahr.

Endlich ist es soweit!
Du kannst wieder raus ins Freie!
Raus aus deiner düsteren muffigen Höhle!
Der Lockdown ist vorüber!
Welcher Lockdown?
RITSCH-RENN.COM

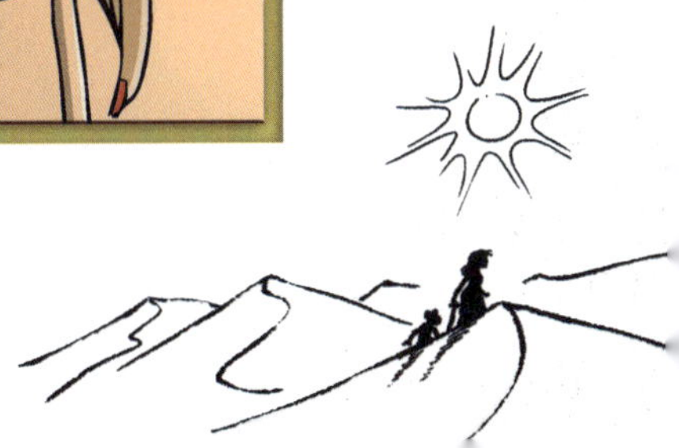

Herr Minister.
Sie sagen, die verpflichtende Wanderlachs Tracking App ist anonym und datenschutzkonform. Aber wer soll das alles bezahlen?
Es ist uns gelungen, einen großzügigen Sponsor für die App zu finden. Sein Name ist Käptn Iglo.
RITSCH-RENN.COM

Es ist soweit. Das Training unserer KI zur erweiterten Gesichtserkennung ist abgeschlossen. Der Algorithmus erkennt nun auch verschleierte und maskierte Gesichter. Sie können die Operation Corona abbrechen.

Die Urne von Tante Erna?
Für so alten Krempel haben wir wirklich keinen Platz
in der neuen Wohnung!
PC-KABEL
1987 - 1993
SCSI
VGA
RS 422
etc.

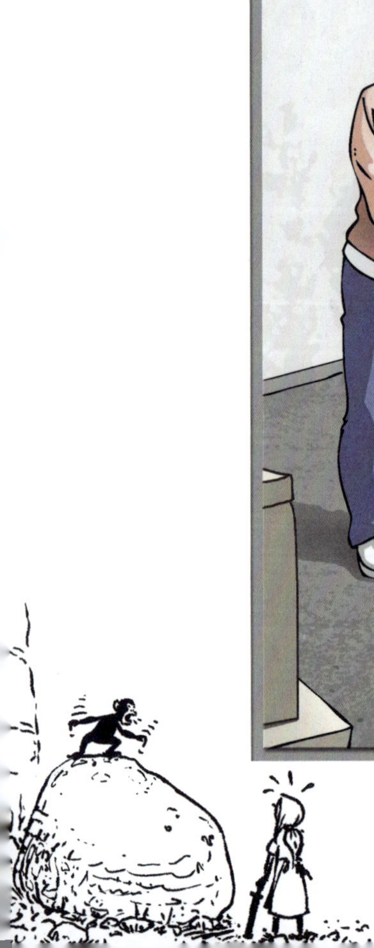

Du hast das Losungswort vergessen, Narben-Joe??? OK ... Dann zu deiner Sicherheitsfrage: Wie heißt dein Lieblingslied?
„Es kehret der Maien, es blühet die Au" aus Beethovens Liederzyklus „An die ferne Geliebte", Opus 98.
RITSCH-RENN.COM

Klar hab ich Neujahrsvorsätze! Das ist doch kein Leben mehr, Alter! Ich muss was für meine Gesundheit tun und endlich eine ergonomische Maus kaufen.
RITSCH-RENN.COM

Technischer Support,
Mein Name ist Jens Mörikke.
Was kann ich für Sie tun?
Oh Hallo ..... bevor ich Ihnen mein Problem schildere, möchte ich Ihnen gerne ein kleines Gedicht vorlesen, das ich geschrieben habe, während ich in Ihrer Warteschleife gewartet habe ... . "Graue Freitagsmilch ....."
RITSCH-RENN.COM

Wow! Das Look and Feel hat sich gar nicht so verändert.....
RITSCH-RENN.COM
Operator
Start
Kachel reagiert nicht...
Entf
Strg
Alt

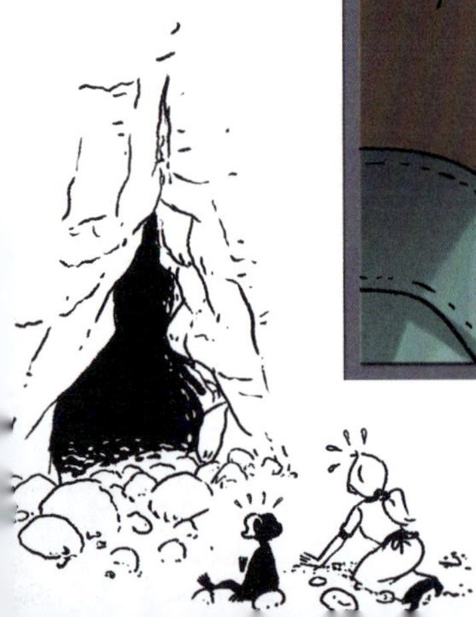

Grete!!! Bitte komm schnell und drück' Strg Z !!!
RITSCH-RENN.COM

IM SCHALTKREIS DER FAMILIE. EINE ZUMUTUNG

WENN DAS DATENBÄCHLEIN FRÖHLICH SCHWATZT

Familie, du erdenschwerer Keim des Lebensbaums, du Atem aller Anfänge. Schon wenn wir den feinen Klang deines Namens vernehmen, überkommt uns ein warmer Riesel, ein flaumhaariges Beben, ein wohliges Erzittern, ein Räuspern und Grunzen, ein veritables Grauen – mit einem Wort: das nackte Entsetzen. Und wir sprechen jetzt von der Familie im Analogmodus. Mit digitalen Verquickungen im Verbund öffnet sich der Schlund zur Hölle.

Aber wir wollen das Ganze jetzt nicht unnötig verharmlosen. Die Gesamtsituation ist nämlich durchaus ernst. Deswegen müssen wir den Fokus auf das Wichtigste im Leben richten: auf die Kinder. Kinder sind unsere Zukunft, die Zukunft des Planeten, ja, was sage ich denn: die Zukunft der gesamten Halbleiterindustrie. Ja, wer in Dreiteufelsnamen soll denn sonst in Zukunft diesen milliardenschweren Wirtschaftsmoloch am Laufen halten? Und damit unsere Renten bezahlen? Wer, wenn nicht sie, die, mit juvenilem Buckel über ihre Smartphones gebeugt, der körperlosen Geselligkeit frönen? Der energieeffizienten Regungslosigkeit huldigen? Die mit dem Platzbedarf eines Kanarienvogels ihr Auskommen finden, solange sie nur eines dieser kleinen, blinkenden Zaubergeräte in Händen halten? Ja, das war jetzt ironisch. War es?

Schalt jetzt endlich die verfluchte Spielkonsole aus!!!
Gleich, Mama.
Gleich, Mama.
Gleich, Mama.
Gleich, Mama.
Gleich, Mama.
Gleich, Liebling.
RITSCH-RENN.COM

Du könntest ja manchmal anrufen...
Aber du bist doch in meinem email-Verteiler drin, Mama.
RITSCH-RENN.COM

Also, Papa, du startest Tails vom USB Stick, überträgst per QR code deine Bitcoins von der Handy wallet auf Electrum, gehst per VPN über Tor ins dark net, startest Grams, anonymisierst deine bitcoins mit Helix, rufst den shop auf, verschlüsselst deine Adressdaten mit PGP und bestellst dein Zeug. Alles klar? Ich versteh nur nicht, warum du immer noch diese alten Glühbirnen haben willst....
RITSCH-RENN.COM

GEBURTEN STATION 1
GESCHLOSSEN!
LADEN SIE SICH UNSERE
HANDY-APP
„WIE ICH 'N KIND KRIEG“
HERUNTER.
www.geburtski.ru/appski
RITSCH-RENN.COM

Ok Hänsel, die Wander App schlägt 4 mögliche Routen vor: Easy, Medium, Crazy und Kick Ass Lebkuchen Nightmare.
RITSCH-RENN.COM

Zum tausendsten Mal:
Kein Grafikkarten-Übertakten
im Haus!!!
RITSCH-RENN.COM

RITSCH-RENN.COM
LOL
LOL
LOL
LOL
LOL
LOL
LOL
LOL
LOL
LOL
LOL

SKIZZENBUCH SEITE 666

EIN SCHWARZER TAG IM GESICHT DER FAMILIE SORGLOS

Jede unserer Cartoonideen ist eine Huldigung an das Schöne. An das Edle, das Reine. An den Liebreiz des Lebens. Doch manchmal scheitern wir. Der Versuch, eine rechtschaffene, herzensgute Familie beim gemeinsamen Sonntagsfrühstück zu zeichnen, entwickelte sich jüngst in eine etwas andere Richtung und mündete schließlich in eine leichtfüßige Allegorie der Bedeutsamkeit gewissenhafter Software-Wartung und -Pflege.
Disclaimer: Wir distanzieren uns in aller Deutlichkeit von der wieder salonfähig gewordenen Diskriminierung eingeschleuster Viren. Viren sind bedauernswerte, im Grunde unverantwortliche Geschöpfe, gefangen in einer kummervollen Dualität, einerseits dem Schöpfer (»Schöpfer« ist nur eine Metapher) dienen zu wollen und andererseits dem heimgesuchten Wirt an die Eier zu müssen (»Eier« ist nur eine Metapher).

Am morgigen Patchday werden mehrere kritische Sicherheitslücken geschlosssen. Drei im Internet Explorer, eine im Adobe Reader, zwei im Apple Safari und eine im USB-Eierkocher "Dotterfein".
RITSCH-RENN.COM

Also...hast du
die Kindersicherung jetzt
programmiert?
Ja ja...ich hab's zusätzlich
verschlüsselt...ab jetzt sind sämtliche
pornographischen Inhalte für
Papa gesperrt.
RITSCH-RENN.COM

Schau mal, wer uns besucht! Unser Spätzlein! Komm zur Mama, kleiner Mausezahn!
Leer mal deinen cache im Kopf, da sind noch alte Bilder im Speicher....
RITSCH-RENN.COM

Linksgrünversiffte Gender Mimi!
Lösch dich, mansplaining Hurensohn Troll!
So. Heute kein Twitter mehr.
RITSCH-RENN.COM

Joa cringe digga peinlo sterbe habibi
Ich versteh kein Wort.
Das ist die Ende-zu-Ende Verschlüsselung...
RITSCH-RENN.COM

Es ist so traurig mitanzusehen, was aus ihm geworden ist. Früher war er ein anständiger und fleissiger Bursche, der jeden Tag ein halbes Dutzend Mäuse gefangen hat....
RITSCH-RENN.COM

Hey Ralf,
meine Alten wünschen sich Weltfrieden.
Hast du das? Am besten in 'ner
Limited Edition.
GAMEWORLD
SONIC
nemesis
RITSCH-RENN.COM

GROTESKEN AUS DEM REICH DER TATENVERARBEITUNG

HE, SIE DA!

Ja, Sie! Glauben Sie, wir sehen Sie nicht?!? Wie Sie unverhohlen herglotzen? Diese Sätze lesen, justament genau JETZT??? Ihren Blick über diese 2 Seiten wandern lassen, akkurat in dieser Sekunde? Oh doch, wir sehen Sie! Wir sehen Sie genau, und jede Ihrer Bewegungen.
Und auch das Trübe in Ihren Augen, die leidenschaftslosen Mundwinkel, die fahrigen Finger, wie sie wieder und wieder über den unteren Rand der rechten Seite streifen. Und wie Sie dasitzen. Spannungslos! Ein flaues, dickhäutiges Phlegma strahlen Sie aus, so blasswangig, wie Sie dasitzen.
Was ist denn jetzt? Halt! Nein ... Neeeiiin!!! Was tun Sie da?! Nicht umblättern! Niiiiiiicht umblättern!!! Hiergeblieben!!!!!

He Sie da! Ich kann genau sehen was Sie tun! Meine cloudbasierte Videotürklingel streamt alles auf mein Handy!
Vergessen Sie es! Mein App-gesteuertes Smart Lock Sicherheitssystem wehrt jeden Einbruchsversuch ab!
Nein nicht!! Was tun Sie da?! Nicht unter die Eule gucken!!!
RITSCH-RENN.COM

Leopold T. beim Aschenbrödelspielen. 1 Sekunde nach Mitternacht.

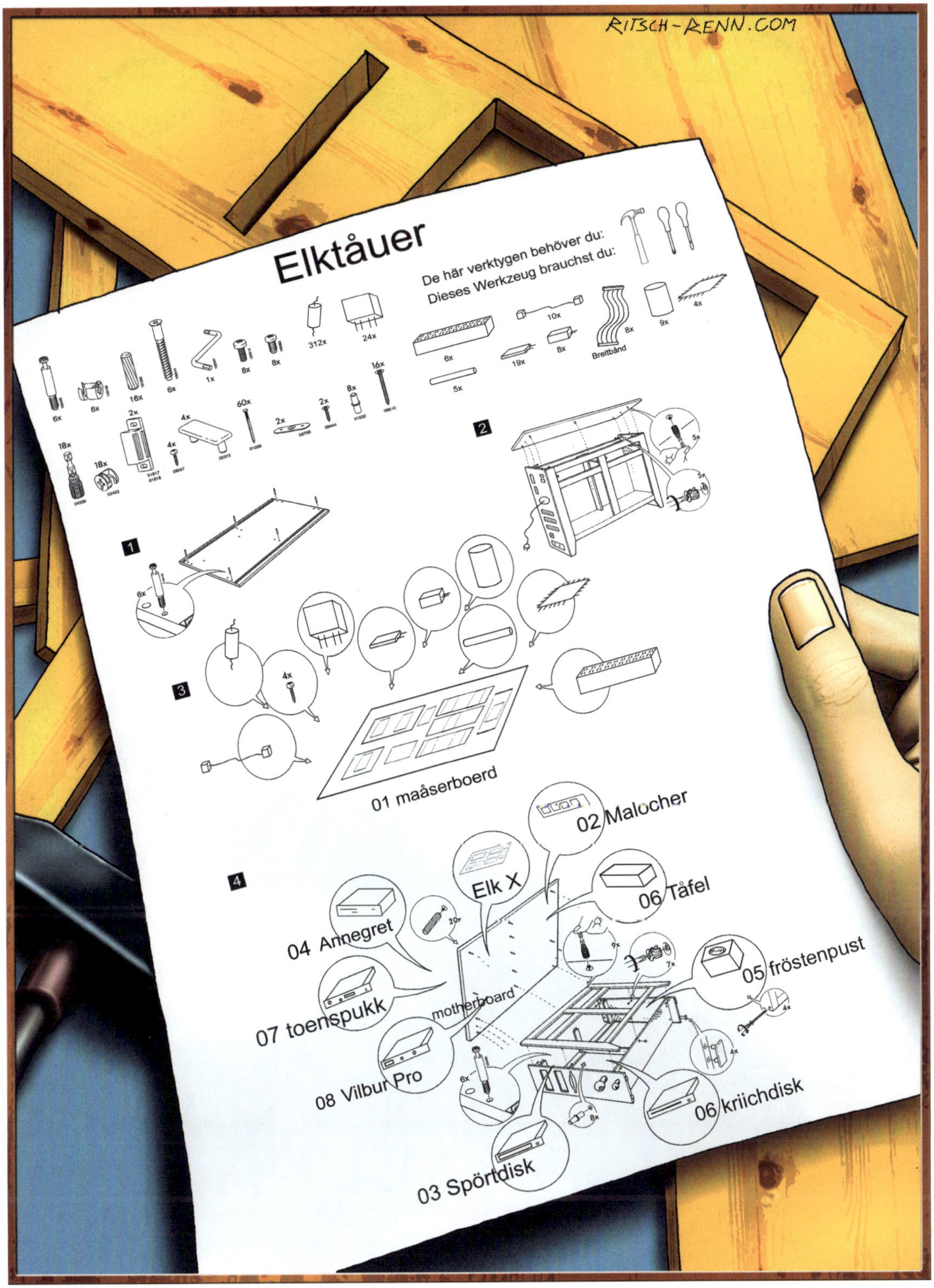
RITSCH-RENN.COM
Elktåuer
De här verktygen behöver du:
Dieses Werkzeug brauchst du:
Breitbånd
01 maåserboerd
02 Malocher
Elk X
06 Tåfel
04 Annegret
05 fröstenpust
07 toenspukk
motherboard
08 Vilbur Pro
06 kriichdisk
03 Spörtdisk

Der Hurenbock hängt!
Fahr runter die verdammte Kiste!
RITSCH-RENN.COM

Hans Jörg Halbleit
1922 - 2005
HOME
ABOUT
FUN
FRIENDS
Trauergäste, die Hans Jörg Halbleit besucht haben, besuchten anschließend:
Karl Haim
3. Reihe, Grab 17
Joseph Seyer
8. Reihe, Grab 51
RITSCH-RENN.COM

Ein unerwarteter Fäller
ist aufgetreten.
OK
RITSCH-RENN.COM

RITSCH-RENN.COM

JESUS TEILT DAS BROT.
RITSCH-RENN.COM

Nein !!! Zum tausendsten Mal !!
Ich bin nicht unzufrieden mit der Größe
meines Heiligenscheins! Wozu hab ich eigentlich
diesen Spam-Filter installiert ?!?
RITSCH-RENN.COM

Na hoffentlich verpixeln die unsere Gesichter
RITSCH-RENN.COM

Dein Passwort ist refoodleivhcon? Das ist doch komplett doof.
Na ja, rückwärts gelesen ist es noch viel doofer.
RITSCH-RENN.COM

TAUSCH
Tausche Software
"Empfängnisverhütungskalender 3.0"
gegen gebrauchten Kinderwagen
Tel: 0779 36240021
Ich tausche
iPAD
gegen:
Samsung
Galaxy TAB!
XBOX 360
Ich tausche:
Adobe Flash
gegen Lehrbuch
„Praxiswissen HTML5"
Tel. 0787 66503345
RITSCH-RENN.COM

Wer hat von meinem Tellerchen gegessen?
Wer hat aus meinem Becherlein getrunken?
Wer hat mein Passwörtchen geändert?
RITSCH-RENN.COM

Mit Spracherkennung ein Handy ich hab.
Funktionieren sie leider nicht tut.
RITSCH-RENN.COM

Ceci n'est pas une heatpipe.
Relais Magritte
`Ceci n'est pas une heatpipe´
2022
RITSCH-RENN.COM

Gratuliere! Du hattest heute Nacht null Wachphasen. Schlaftracker jetzt synchronisieren?
RITSCH-RENN.COM

Ich höre 5 Datenpakete. 3 große und 2 kleine. Sie werden in 6 Sekunden hier sein.
Dann ist es also soweit. Sie kommen. Die 2 Mahnungen vom Finanzamt und die 3 Dolly Buster Filme.
TEXACO
RITSCH-RENN.COM

URLAUB. LOB DER SAUMSELIGKEIT

LIEBE KUNDIN, LIEBER KUNDE,

unser Büro ist derzeit nicht besetzt. In dringenden Fällen wenden Sie sich bitte an wen Sie wollen, aber nicht an uns. Wir sind nämlich nicht da. Wir sind im Urlaub. Und im Urlaub meiden wir Rechenmaschinen, zumal global vernetzte. Aktuell befinden wir uns mit unseren Familien von aller Welt abgeschnitten im Montafoner Hochgebirge und sind eben dort nur per Anjodeln von gegenüberliegenden Bergspitzen erreichbar, hören aber nur die sehr schwer jodelbaren Frequenzen zwischen 19.500 und 19.700 Hertz.

Plumper ausgedrückt: Wir sind dort für niemanden erreichbar. Der letzte Kunde, der uns dort mithilfe einer Brieftaube erreichen wollte, bezahlte seinen Hochmut mit lebenslangen Gewissensbissen, nachdem seiner Taube nur 50 Meter vom Ziel entfernt zwei abgefrorene Krallen amputiert werden mussten. Während wir, nichtsahnend, die 3 Türme, die 3 Zinnen, die 3 Nonnen und dann noch irgendeinen dritten Berg bestiegen haben.

RITSCH-RENN.COM
Das ist also Augmented Reality ? Beeindruckend, was die alles wissen......
Großer Zipfel
Martins-kogel
Kleiner Zipfel
Hoher Widderstein

Ja, das ist es.
Hätten Sie sich mein Profilbild
auf Airbnb angeschaut, hätten Sie gewusst,
dass "kuscheliges Nest mit Meerblick"
keine Metapher ist.
RITSCH-RENN.COM

Das ist doch Wahnsinn! Mit nur einer Hand!
Na ja, die andere braucht er ja zum Klettern ...
RITSCH-RENN.COM

Guten Tag bei der Hotline der Firma para-Z.
Wenn Sie einen Fallschirm kaufen möchten, drücken Sie jetzt bitte die 1. Möchten Sie etwas anderes, drücken Sie die 2. PIEP Wünschen Sie Informationen zu einem unserer Produkte, drücken Sie die 1, haben Sie Probleme mit Ihrem Fallschirm, drücken Sie die 2. PIEP Sind die Farben Ihres Schirmes ausgebleicht, drücken Sie die 1, lässt sich Ihr Schirm schwer steuern, drücken Sie die 2, ist gerade die Reißleine Ihres Schirms gerissen, drück... PIEP Sie werden mit einem Mitarbeiter verbunden, sobald eine Leitung frei ist.
Strangers in the night ...
RITSCH-RENN.COM

Scho wieda oana! Jetzt dafriert scho da Dritte vor dem Schild do. Wie vielen wird die Hottispottenspitze noch zum Verhängnis...?!
HOT SPOT
RITSCH-RENN.COM

www.joggerbeule.de
RITSCH-RENN.COM

Aaaahhh !!!
Nicht schon wieder!
Knut! Knut! Es ist alles in Ordnung!
Wir sind im Grünen! Du bist kurz eingeschlafen!
Das ist der Himmel! Der schöne blaue
Himmel! Kein Blue Screen!
RITSCH-RENN.COM

Gleich, Gitta, gleich bist du frei!
Sei froh, dass mein Übersetzungscomputer Finnisch drauf hat....also, pass auf: "Zu das offen den saunator, die nicht den Schnappen, wenn uber den Schnappen, andere Weise ist. Nie stemmen den Faulknödel! Aber den Schnappen, sonst. Poppen auf plötzlich hinter Karabiner, stecken und strecken Schnappen poppen tödlich."
RITSCH-RENN.COM

Du hast 253 Meter in
12,8 Sekunden zurückgelegt und dabei
1687 Kalorien verbraucht.
RITSCH-RENN.COM

Jetzt mach aber mal hinne, Bärbel,
ich hab nur noch 2 Balken...!
Blue Sun LINES
ue Sun LINES
FREE W-LAN
RITSCH-RENN.COM

RITSCH-RENN.COM

Krass!
Vor 200 Jahren sind die auf solchen Stühlen gesessen, wenn sie im Internet waren...
Webstuhl 1831

Du musst in diesem Urlaub nur den Hamster füttern. Die Bewässerung der Zimmerpflanzen steuert Hansjörg über sein Handy."
RITSCH-RENN.COM

ÜBRIGENS

ÜBRIGENS

Übrigens war heute gestern noch morgen. Und vorgestern heute übermorgen. Doch damit nicht genug. Nichts ist, was es war, und wird jemals sein, was es gewesen ist. Niemals jemals. All das ist in emsigem Wandel. All das ist hinfällig wie ein mürber Keks, ein vom Schicksal schlampig hingeworfenes Reisigbündel. Fangen Sie erst gar nicht an, es verstehen zu wollen. Dafür fehlt Ihnen ein beweglicher Rüssel. Und eine Federboa. Und ein Reisigbündel.
Jedenfalls gibt es Dinge, die sich verändern. Halt nicht mehr so sind, wie sie einmal waren. Die Beinstellung beim Skifliegen, das Kopfhaar, Kabelstecker. Pfeif drauf. Deswegen schmeißen wir doch keinen Cartoon weg ...

Der groooße Buxini!!!
Er schafft es, mit nur einem einzigen Versuch, sein USB-Kabel richtig herum ins Handy zu stecken!
RITSCH-RENN.COM

Aber ja, Else, mein Enkel hat's mir doch vorgerechnet. So ein YouTube Video kommt ratzfatz auf 1 Million Klicks, Adsense bringt einen halben Cent pro Klick, da finanzieren wir locker den Raketenrucksack für's nächste Video....
RITSCH-RENN.COM

POPP
RITSCH-RENN.COM
Es war ein heißer, ein sehr heißer Tag im Louisiana Biotech Forschungslabor. Jener Tag, an dem Prof. Dudenbergs Experimente zur Entwicklung eines umweltfreundlichen PC-Gehäuses aus Maisstärke endgültig gestoppt wurden ...

Ich sehe was, was du nicht siehst,
und das ist ... grün
RITSCH-RENN.COM

Ordination Dr. Eegel. Frau Köppke,
sie können die Wurmkur absetzen. Der Wurm war nicht in ihrem Darm,
sondern in unserem Diagnose-Computer.
RITSCH-RENN.COM

Als vor 30 Jahren das Geburtenregister digitalisiert worden ist, gab es große Umstellungsprobleme. Darüber berichtet unser persönlich betroffener Gast, Name darf nicht leer sein Hinterleitner.
RANZ LIVE
RITSCH-RENN.COM

MONITOR IM OFENROHR WEIHNACHTSBAUM IM METARAUM

DER WEIHNACHTSKARPFEN – EIN REZEPT

Jawohl, ein Rezept. Frohlockt! Und schwingt das Engelshaar! Wir präsentieren ein Gericht, das die bürgerliche Küche von Grund auf verändern, ja erschüttern wird. Das eine Tür aufstößt in Geschmacksräume, die Jahrtausende lang verschlossen waren. Ein Gericht von alttestamentarischer Schwere und frivoler Flockigkeit. Zugleich ein Gericht, das jeder Mensch zumindest einmal in seinem Leben gegessen haben sollte. Lassen Sie sich fallen und kosten Sie ein wenig vom Butterschmalz der Ewigkeit. Kochen Sie mit uns den Weihnachtskarpfen.

Zutaten:

Besorgen Sie sich den Weihnachtsmann der Karpfen. Da es selbstverständlich nur einen einzigen Karpfenweihnachtsmann gibt, sollten Sie sich das heilige Tier rechtzeitig bei Ihrem Fischhändler vorrerservieren lassen. Bedenken Sie: Sie sind nicht der einzige Mensch, der zu Weihnachten diesen besonderen Karpfen verzehren möchte.

Vorbereitung:

Kurz bevor der Weihnachtsmann in die Pfanne muss, wird er versuchen, Sie mit all seiner Überredungskunst davon abzuhalten. Er wird fadenscheinige Gründe vorbringen, weswegen er noch einmal kurz weg muss, oder Ausreden erfinden à la »Ich hab noch nicht alle Geschenke verteilt«. Lassen Sie sich davon nicht einschüchtern. Auch nicht, wenn der Fisch seine höchste Trumpfkarte zieht und sein eindrucksvolles »Ho Ho Ho!« in den Raum schmettert. Hören Sie einfach nicht hin. Immerhin haben Sie für das Tier gutes Geld bezahlt und ein Recht darauf, es zu verspeisen. Weihnachtsmann hin oder her.

Zubereitung:

Streifen Sie die Weihnachtsmütze vom Kopf des Karpfens. Die Mütze ist ungenießbar und muss vom Fischhändler gemäß Abfallverordnung zurückgenommen werden. Die Abnahme der Mütze wird Sie ein letztes Mal vor eine innere Zerreißprobe stellen: Sobald Sie die Mütze herunternehmen, erscheint nämlich knapp über dem Kopf ein mittelgroßer leuchtender Ring. Ich möchte mich jetzt gar nicht auf eine Diskussion über das Wesen der Heiligkeit einlassen; Tatsache ist aber, dass der leuchtende Ring verschwindet, sobald die Gar-Temperatur 150 Grad Celsius übersteigt.

Noch ein Tipp:

Wahrscheinlich ist Ihnen schon aufgefallen, dass Karpfenweihnachtsmännern ein unentwegtes Lächeln aneignet. So freundlich das Lächeln im Leben wirkt, so unangebracht scheint es mir auf dem Teller zu sein. Ich empfehle Ihnen daher dringend, diesen Zustand *vor* dem Kochen abzustellen, indem Sie die Mundwinkel des Fisches leicht nach unten drücken. Glauben Sie mir: Niemand lässt sich gerne von seinem Essen angrinsen.

Gesegneten Appetit!

Was muss ich hier lesen, Udo? In meinem goldenen E-Book steht, dass dein Datensatz nicht gefunden wird. Das gefällt mir aber gar nicht!
RITSCH-RENN.COM

Oh Tannenbaum,
oh Tannenbaum ...
RITSCH-RENN.COM

Ich bin Caspar
Und ich bin Melchior
Und ich bin Balthasar
Und ich bin Horst
Und ich bin Helga
Und ich bin froh, dass in 2000 Jahren das Navi erfunden wird.

Dann unboxen wir das Ding mal... Also die Verpackung ist ein Witz, dünnes Knitterpapier, dazu kommt, dass das Paket von keinem der üblichen Zustelldienste gebracht wurde, diese Lieferantenuniform hab ich noch nie gesehen...
RITSCH-RENN.COM

MAILVERKEHR. CHRONIKEN DER VERZWEIFLUNG

Täglich werden wir von Abertausenden von E-Mails überschwemmt. Die meisten kommen vom Finanzamt, aber hin und wieder findet sich in der Flut auch einmal Fanpost, und vereinzelt mutet dieser sogar ein wohlwollender Grundtenor an. Selbstverständlich werden manche dieser E-Mails sogar beantwortet. Wie diese hier, die uns von einem zerstreuten Literaturnobelpreisträger erreichte ...

From: „Thomas [redacted]a.de>
To: <Ritsch-Renn@ritsch-renn.com>
Subject: cartoon in c't

ei, ei, was wird denn da zitiert im cartoon der letzten c't? Ich komm nicht drauf ...
Bin ich einer vollkommenen Stilparodie aufgesessen oder lahmt mein gedächtnis.
wer hilft mir weiter? welcher Roman endet so?
Danke für Antwort, viele Grüße Thomas

re: cartoon in ct
Es wäre der mit dem pulitzerpreis ausgezeichnet worden wärende romanerstling des später weltberühmt geworden wärenden holländers jan van den stummelhaeufelen geworden, hätte van den stummelhaeufelen eine anständige software erstanden, und wäre infolge gegenteiligen handelns nicht den an seiner stelle tatsächlich weltberühmten sekundentod gestorben. von einer parodie kann also keinesfalls die rede sein. vielmehr hat sich van den stummelhaeufelens witwe an uns gewandt, die den text über die schulter des toten hinweg vom bildschirm abschrieb. dass wir die ganze tragödie in einen billigen witz verwandeln konnten, hat mit dem umstand zu tun, dass frau van den stummelhaeufelen des abrupten todes ihres mannes wegen eine ganz zittrige handschrift bekam. und als sie das kuvert, in dem die gottverdammten letzten zeilen ihres verschiedenen gatten steckten, an dessen verlag Fitsch & Penn adressierte, zitterten ihre finger ganz besonders.

mehr kann und will ich dazu gar nicht sagen. gute nacht marcus renn

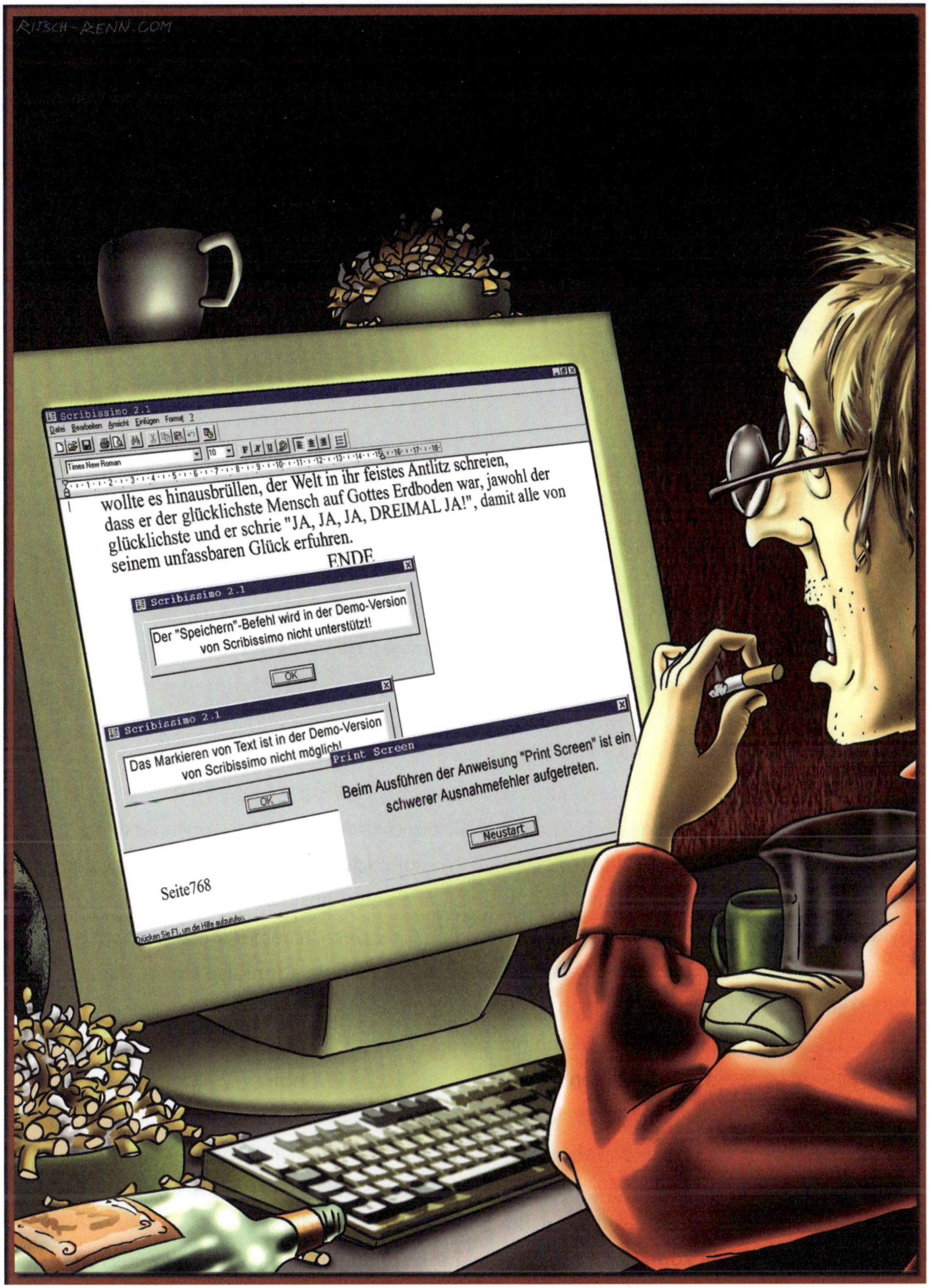
RITSCH-RENN.COM
Scribissimo 2.1
Datei Bearbeiten Ansicht Einfügen Format ?
Times New Roman
10
wollte es hinausbrüllen, der Welt in ihr feistes Antlitz schreien,
dass er der glücklichste Mensch auf Gottes Erdboden war, jawohl der
glücklichste und er schrie "JA, JA, JA, DREIMAL JA!", damit alle von
seinem unfassbaren Glück erfuhren.
ENDE
Scribissimo 2.1
Der "Speichern"-Befehl wird in der Demo-Version
von Scribissimo nicht unterstützt!
OK
Scribissimo 2.1
Das Markieren von Text ist in der Demo-Version
von Scribissimo nicht möglich!
OK
Print Screen
Beim Ausführen der Anweisung "Print Screen" ist ein
schwerer Ausnahmefehler aufgetreten.
Neustart
Seite768
Drücken Sie F1, um die Hilfe aufzurufen.

From: „Albert .de>
To: <Ritsch-Renn@ritsch-renn.com>
Subject: cartoon Rotkäppchen

Lieber Ritsch und lieber Renn,
wir sind eine Gruppe von Biologiestudenten und große Fans der Schlagseiten Cartoons. Bei dem neuesten ist allerdings unter den Kommilitonen eine Diskussion darüber entbrannt, um was für Tiere es sich auf dem Baum handelt. Sind es Wiesel, sind es Marder, sind es Frettchen?
Bitte klären Sie uns auf.

re:
Sehr verehrtes Kommilitonenkonglomerat.
Die bezüglichen Tiere gehören zur Familie der Grimmhörnchen; in diesem speziellen Fall handelt es sich um ein Gebrüderpaar, das sich kurz vor der Mauser befindet.

Ich darf aber doch meiner Verwunderung darüber Ausdruck verleihen, dass Ihr Augenmerk diesen doch im Großen und Ganzen herkömmlichen Kreaturen gilt und nicht dem im unteren Teil des Gemäldes befindlichen gelb-türkisen Schmetterling, einem Angehörigen des auf Wuvulu Island beheimateten spreizlöffligen Wolfschlurfs, einer Spezies, die, so viel darf ich Ihnen verraten, selbst in Fachkreisen einen höchst zweifelhaften Ruf genießt. Wir sprechen hier also vom »papilio buchholzi«, den ich Sie eindringlich warne mit dem »pantodon buchholzi« zu verwechseln, der im Übrigen ein Knochenzüngler, also ein geradezu elementar anderes Lebewesen, ist. Der papilio hält sich mit Vorliebe in der Nähe von Wölfen auf, die ihn für einen freundlichen, kleinen Gesellen halten, bis dieser sein eigentümliches Wesen offenbart.
Der fröhlich umherflatternde Wolfschlurf beabsichtigt nämlich nichts Geringeres, als in die Nähe eines Wolfschädels zu gelangen, wo er den passenden Moment abwartet, eine trichterförmige Wulst unterhalb seines Saugrüssels ausfährt und aus dieser eine säurehältige Substanz mitten in eines der beiden Wolfsaugen spuckt. Die Substanz bewirkt eine bis heute mit vielen Fragezeichen versehene Metamorphose: Der getroffene Augapfel verwandelt sich in ein der Götterspeise ähnliches Mus, das, einmal abgesehen von der Farbzusammensetzung, allen Anforderungen an eine Delikatesse gerecht wird.

Nun geschieht etwas Wunderbares: Der Papilio rollt seinen haarigen Saugrüssel aus und entblößt dabei eine kleine unscheinbare Körperfalte; kaum einen Sekundenbruchteil später springen aus dieser zwei seitlich abgespreizte, langstilige Löffel hervor, die rot schimmern und sich vor und zurückbewegen. Ich habe vergessen zu erwähnen, dass der Wolf zu diesem Zeitpunkt nur mehr auf einem Auge etwas sieht; auch ist sein gesamtkörperlicher Eindruck nicht mehr der allerbeste; was allerdings den Wolfschlurf nicht daran hindert, jetzt das zu tun, wofür er seinen Namen bekommen hat: Er verankert sich mit seinen feinen Beinchen am Lid des zu Götterspeise gewordenen Auges und beginnt, die wabbernde Masse mit den weit gespreizten Löffeln seinem Saugrüssel zuzuschaufeln; dabei verhält sich der papilio so geschickt, dass die ganze Angelegenheit nach knapp 20 Minuten ohne viel Patzerei erledigt ist. Nach dem Mahl sucht er ein Bächlein mit frischem Quellwasser auf, wo er seine Löffel reinigt und den strapazierten Rüssel kühlt.
Sie werden jetzt fragen, warum sich der Wolfschlurf auf unserem Bild nicht anschickt, in die Nähe des Wolfes zu gelangen, und etwas abseits gelegen, offensichtlich desinteressiert herumtrödelt. Das ist leicht zu beantworten: Er wartet darauf, dass der Wolf das junge, unschuldige Ding verspeist. Das weiß doch jeder Wolfschlurf, dass Wolfsaugen um Klassen besser schmecken, wenn durch deren Äderchen Jungfrauenblut fließt.

Hocherfreut,
Marcus Renn

<ba

To: <ritsch-renn@ritsch-renn.com>

Subject: Nutzung der Schlagseite 16/2012

Sehr geehrte Herren Ritsch und Renn,

ich promoviere seit einigen Jahren zum Thema inkrementelle Sprachdialogverarbeitung und habe unter anderem geforscht zur Entscheidungsfindung, ob ein partielles Spracherkennerergebnis (»eject seat«) genutzt werden kann, da es sich bereits stabilisiert hat, oder ob es noch gewartet werden muss, da es sich noch ändern könnte (»eject sitting on ...«). (Insbesondere gilt es hier auch abzuwägen zwischen Zeitverhalten und Fehlergefahr.) Ihre Schlagseite 16/2012 demonstriert die Motivation für meine Arbeit auf eindrucksvolle Weise. Ich möchte Sie deswegen um Erlaubnis bitten, das Bild in meiner Dissertation verwenden zu dürfen, die ich im kommenden Jahr einzureichen beabsichtige. (Es geht mir zunächst »nur« um die eingereichte Dissertation, die ich ebenfalls gerne als PDF auf meine Website stellen würde; vor einer späteren »echten« Veröffentlichung als Buch würde ich Sie selbstverständlich separat um Zustimmung bitten.)

Ich habe mich bereits mit der c't-Redaktion in Verbindung gesetzt, die mich an Sie verwies und ansonsten meinem Wunsch nicht entgegensteht.

Den entsprechenden E-Mail-Austausch habe ich angehängt.

Mit freundlichem Gruß und herzlichem Dank,

Ti

re:

da wir seit Jahren in einem Ihrer Arbeit verwandten Feld der Grundlagenforschung tätig sind, namentlich der partiellen Pointenerkennung, einem Untergebiet der inkrementellen Humorverarbeitung, ist es uns eine Ehre, Ihnen unsere Studien zur weiteren Vertiefung anheim stellen zu dürfen. Im Gegenzug bitten wir Sie allerdings, mit der gebotenen Ehrfurcht ans Werk zu gehen: Unsere Abhandlung »Eject sit« ist das herausragendste Elaborat im Bereich der Schematisierung substanzieller Kreuzungserfolge an den Tangenten von Wissenschaft und Humor seit den Studien Thomas Hunt Morgans über weißäugige Mutanten-Fruchtfliegen zu Beginn des letzten Jahrhunderts. Ein herzliches gaudeamus igitur, Ritsch+Renn

re:
langsam wird es ernst: die Gutachter haben sich sehr über meine Diss (und Ihre Schlagseite) gefreut.
Da die Veröffentlichung über den Publikationsserver der Universität Bielefeld läuft, ergeben sich leider keine Tantiemen, die ich mit Ihnen teilen könnte ...

re:
Gratulation! Sie Tausendsassa! Da ist Ihnen ein großer Wurf gelungen! Wir haben es in einem Schwung durchgelesen. Es erinnert uns in seinen Verästelungen deutlich an das Spätwerk Robert Musils, phasenweise auch an Novalis' Hymnen der Nacht die, wie man weiß, im Opiumrausch entstanden sind. Unser Bildbeitrag darf selbstverständlich im Druckwerk verbleiben.
Wohlan, ein dreifaches Hoch auf Ihre wissenschaftliche Zukunft und das nötige Quäntchen fortune, wie die Froschfresser zu sagen pflegen.
Die Ihren, Marcus Renn und Harald Ritsch

To: Ritsch und Renn
Subject: entweder nicht lustig; oder einfach nicht verstanden ...
Hallo Ritsch und Renn,
... den aktuellen Cartoon aus der c't 2011-22, gibt's da noch was zu wissen?
'n schönen Gruß aus dem Bergischen Land,
F

Subject: Re: entweder nicht lustig; oder einfach nicht verstanden ...
Hallo H
wahrscheinlich nicht lustig. Wir haben ja selbst nicht gelacht, als uns der Cartoon eingefallen ist. Dabei sind Sie um einiges besser dran als wir. Sie können sich in die Vorstellung flüchten, Sie hätten den Witz nicht verstanden. Diese Option haben wir nicht. Immerhin haben wir den Witz ja selber erfunden. Uns bleibt nichts anders übrig, als mit der Unlustigkeit des Cartoons zu leben. Und die leise Hoffnung zu nähren, dass möglichst viele Leser die Unlustigkeit als Unverständnis missdeuten ...
Und dass Kunstdiebe sich die Mühe machen, in die zurückgelassenen leeren Rahmen Ausdrucke mit dem Webicon für »Fehlendes Bild« zu pinnen, sollte jedenfalls für die nächsten 1000 Jahre als Witzgrundlage verboten werden. Damit sich zukünftige Witzeerfinder nicht die gleiche Mühe machen müssen wie ich gerade ...
Liebe Grüße aus Wien,
Marcus Renn

RITSCH-RENN.COM

WARNUNG!
DIESE ANWENDUNG
KANN ZUM
WELTUNTERGANG
FÜHREN!

Des isch mei Weld. Do gugg i nah
im Online-Karneval-Kalender.

Do feiern luschdig volles Rohr
der Schwob, der Friese und der Sachse.

Doch isch bei mir scho viele Johr
der Arsch am Sessel fescht gewachse‘